Alle lieben Computer

ALLE LIEBEN
COMPUTER

HUMOR & SATIRE

Für ....

....

LAPPAN

Cartoons und Illustrationen von
Reinhard Alff (S. 47, 48)
Harm Bengen (S. 39, 56, 80, 87)
Peter Butschkow (S. 7, 12, 14, 83)
Kai Felmy (S. 19, 23, 25, 70, 74, 84)
Til Mette (S. 8, 31)
Ari Plikat (Titelseite, S. 5)
Erich Rauschenbach (S. 55, 62)

Herausgeber: Günther Willen
Lektorat: Nicola Heinrichs
Verantwortlich für die Neuausgabe:
Dieter Schwalm

Umschlagzeichnung: Ari Plikat

Alle Rechte vorbehalten
© 2005 Lappan Verlag GmbH
Postfach 3407 · D-26024 Oldenburg

© der abgedruckten Texte bei den Autoren
Gesamtherstellung:
Westermann Druck, Zwickau
Printed in Germany · ISBN 3-8303-4151-2

Ein Wort an die Leser

Herr Computer zum Diktat!

Bitte schreiben Sie: Worum geht es in diesem Buch? Klick! Sehr richtig, es geht um den Computer, den besten Freund des Menschen. Doppelklick. Große Vorteile des Buches: Zum einen ist es recht handlich, zum anderen kinderleicht und vor allem schnell zu bedienen: Umblättern genügt, und schon sprudeln die Tipps, Tricks, Trends nebst allerlei Toll- und Torheiten rund um den Computer. Da kriegt der Computerfreund feuchte Augen. Klick! Und der Laie freut sich. Doppelklick. Für ganz eilige Leser haben wir auf unserer Homepage lustige Bilder installiert.

Komisch, seit einiger Zeit blinkt hier ein Cursor. Wir müssen das Fenster schließen, den Papierkorb leeren und – aus die Maus.

Inhalt

Richard Kähler
Augen auf beim Computerkauf!   9

Christian Matzerath und Henner Steinhoff
Fehlermeldungen Teil 1   18

Hans Borghorst
*Der richtige Bildschirmschoner
für Arbeitnehmer*   20

Sören Kruse
Der Homo kannichalleine   21

Hans Borghorst
*Auf der unten klebenden Gratis-CD-Rom
finden Sie folgende Programme: ...*   28

Christian Matzerath und Henner Steinhoff
Fehlermeldungen Teil 2   30

Hans Borghorst
Kontaktanzeigen   32

Sören Kruse
Enter your Password   33

Sören Kruse
Nachts sind alle Computer grau   38

Richard Kähler
Und ewig lockt der Laptop   41

Sören Kruse
Digital-Killer   57

Hans Borghorst
*Aus den geheimen Tagebüchern
eines Computerfreaks*   61

Hans Borghorst
Der freie Tag   63

Christian Matzerath und Henner Steinhoff
  Fehlermeldungen Teil 3 — 66

Ulrich Horb
  Fragen Sie Frau Webmeister — 67

Glenn M. Bülow
  Zwei gute Gründe, sich mehr zu bewegen — 68

Sören Kruse
  Tod einer Festplatte – ein Nachruf — 72

Christian Nürnberger
  Computeridioten — 78

Ulrich Horb
  Erforscht und erfunden — 85

Christian Matzerath und Henner Steinhoff
  Fehlermeldungen Teil 4 — 88

Manfred Hofmann
  Illustrierte Kurzsatiren — 16, 27, 29, 37, 76, 91

Autoren und Zeichner — 92

Augen auf beim Computerkauf!

Bevor Sie sich einen Computer kaufen, sollten Sie sich folgende Fragen stellen: Hab ich zu viel Geld? Hab ich zu viel Zeit? Hab' ich elektrotechnisch nicht schon in der Schule bei der Transistorschaltung passen müssen? – Können Sie alle drei Fragen mit einem aufrichtigen „Ja" beantworten, dann nichts wie ran: Sie sind der ideale Käufer. Ein Computer ist genau das, was Ihnen gerade noch gefehlt hat.

Und so wirds gemacht: Gehen Sie in das Geschäft, in dem Sie bislang immer Füllertinte und Schreibheftchen gekauft haben, marschieren Sie stracks auf die Ecke zu, wo diese Grabsteinreihen toter Fernsehaugen auf leichenblassen Plastikkartons stehen, machen Sie die Augen zu und tippen Sie auf irgendeinen. Sie sehen sowieso alle gleich aus.

Lassen Sie sich mit dem Verkäufer auf keinerlei Fachgespräch ein. Entweder hat er genauso wenig Ahnung wie Sie, dann bringt es nix, oder er hat jede Menge Ahnung, dann bringt es auch nix. Denn je mehr Ahnung von Computern er hat, desto weniger kann er Ihnen erklären. Im Übrigen ist es sowieso wurscht, welches Modell zu welchem Preis Sie unter den Arm klemmen und nach Hause schleifen. Morgen ist die Kiste eh von gestern und der Preis halbiert. Und 1 und 1 zusammenzählen können sie alle. Das Ergebnis lautet 2.

Zu Hause wird erst mal ein Bierchen aufgemacht, die Pappkartons werden auf den Biedermeierschreibtisch gestellt. Die gute alte mechanische Schreibmaschine wird sorgfältig weggeschlossen; sie wird bald eine gesuchte Rarität sein, weil sie ohne Strom funktioniert, und Ihnen den überteuerten Anschaffungspreis Ihres Computers über kurz oder lang wieder einbringen.

Packen Sie den ganzen Krempel aus und schmeißen Sie als Erstes die Bedienungsanleitung weg. Sie erkennen sie daran, dass sie so dick wie die Bibel ist und ungefähr hundertmal so langweilig. Bleiben Sie borniert und auf dem Standpunkt, dass ein Gerät, das sich Ihnen nicht vom bloßen Ansehen her erschließt, eh eine Fehlkonstruktion ist.

Der kleine Fernseher heißt Bildschirm, die platt gehauene Schreibmaschine mit den klapprigen, schlabbrigen Plastikstöpseln heißt Tastatur, und der ganze Kabelkram ist eine einzige Katastrophe. Stecken Sie einfach jeden Stecker da rein, wo er passt, und entziffern Sie auf keinen Fall, was über den dazugehörigen Buchsen geschrieben oder aufgemalt steht: Das ist alles Fachchinesisch – und mit so was sollte man sich gar nicht erst abgeben.

So, jetzt lehnen Sie sich schön zurück, trinken ein weiteres Bier und freuen sich darüber, dass es nun plötzlich in Ihrem Zimmer aussieht wie in einem richtigen Büro. Bekommen Sie in Gottes Namen keine Ehrfurcht vor diesem schweigenden Gerät vor Ihnen: Es ist innen hohl und strohdoof. Von alleine wird es nie einen Piep tun, geschweige denn einen guten Spruch anbieten. Alles, was rauskommen soll, muss man vorher erst reintun. Das bedeutet Arbeit. Und haben Sie sich einen Computer gekauft, um sich Arbeit zu machen? Eben.

Greifen Sie also nach einem weiteren Bier zum

Telefon, rufen Sie den Nachbarsjungen an und lesen Sie ihm die unsinnigen Buchstaben- und Zahlenkombinationen vor, die auf ihrem Computer aufgedruckt stehen. Er wird durchs Telefon rote Ohren kriegen und Sie anbetteln, umgehend auf einen Sprung rüberkommen zu dürfen. Gewähren Sie es ihm großzügig und eigennützig: Wer etwas auf sich hält, sollte seinen Heimcomputer niemals selbst bedienen.

Der kleine Knilch wird Ihnen im Nu die Maschine anwerfen und sich an blöden Bildchen und öden Fensterchen auf dem Bildschirm begeistern wie ein Neandertaler an „Vom Winde verweht". Versuchen Sie erst gar nicht zu verstehen, was der kleine Kerl unentwegt vor sich hin brabbelt. Sie hören ja sonst auch nicht auf geistig Minderbemittelte, die ein rollendes Plastikbrötchen am Kabelband für eine „Maus" halten – oder? Haben Sie vielmehr Mitleid mit ihm: Die ganze Computertechnik ist in Wirklichkeit nichts als eine Art gigantisches, weltweites Arbeitsbeschaffungsprogramm von Männern für Männer, die keine Freundin haben.

Machen Sie ein weiteres Bierchen auf und beauftragen Sie Ihren Tippsklaven, zum Aufwärmen ihre private Telefonnummern-Sammlung nebst Geburtstagen und Adressen, Sternzeichen und Aszendenten einzugeben. Er wird selig sein. Und Sie werden staunen, was für eine endlose Menge an überflüssigem Mist in Ihren Computer passt. Die Fußballergebnisse der letzten zehn Jahre inklusive Kreisliga? Kein Problem. Die Lottozahlen der letzten hundert Jahre? Inklusive Zusatzzahlen? Kein Problem. Werfen Sie dem Bürschchen Ihren Riesenhaufen ungeordneter Quittungen hin und lassen Sie ihn Ihre Steuererklärung machen. Computer sind nämlich irre praktisch.

Vorausgesetzt, man hat jemanden, der den ganzen Mist eintippt.

Kredenzen Sie Ihrem jungen Freund noch eine halbe kalte Pizza und ein Glas ausgesprudelter Cola, und er wird sich im Computerparadies wähnen. Klopfen Sie ihm anerkennend auf die Schulter und gehen Sie ins Bett, falls Sie es noch finden. Schlafen Sie getrost ein. Sie haben ein gutes Werk getan: Sie haben mit Ihrer Investition die Weltwirtschaft angekurbelt, ein junger Mensch mehr ist weg von der Straße, und Ihr Computer arbeitet. Egal was. Mehr kann man nicht verlangen.

Sollten Sie in der Nacht wach werden – weil Sie einen irren Durst haben zum Beispiel – und auf der Suche nach etwas Löschwasser zufällig auf dem Flur am Sicherungskasten vorbeikommen, drehen Sie für einen kurzen Moment die Hauptsicherung heraus, und seien Sie gewiss, dass dem armen Wicht vor Ihrer Elektrogurke im gleichen Moment die Haare zu Berge stehen. Das schadet ihm nix: Computergläubige müssen früh lernen, mit Schicksalsschlägen fertig zu werden.

Am nächsten Morgen sollten Sie Ihren kleinen Elektroniksklaven mit einem extrastarken Kräutertee verwöhnen. Er wird inzwischen auf dem Stuhl hängen wie ein modriger Waschlappen und Ihnen mit viereckigen Augen, deren Deckel im Doppelklick klimpern, voller Stolz etwas von „Speichern" und „Festplatten" vorfaseln, was Ihnen nur eines traurig deutlich macht: Dass auf dem eigenen Speicher von Computerfreaks die Platten bedenklich lose sind. Lassen Sie ihn zur inneren Festigung Ihre Plattensammlung archivieren und nach der Länge der Titel sortieren.

So geht der Tag herrlich vorbei; die Harald-Schmidt-Show und alles. Lassen Sie sich auf keine Diskussion ein, wenn der Bursche Sie rotäugig zur Anschaffung eines so genannten „Druckers" bewegen will. Berichten Sie ihm von jener magischen Marketing-Vision des „papierlosen Büros", mit der Millionen Computer verkauft worden sind, und von dem Papierverbrauch, der sich seither verzehnfacht hat. Lassen Sie den Burschen zur Strafe stellvertretend den ganzen Sermon vom Bildschirm per Hand abschreiben. Das ist pädagogisch wertvoll und überdies gut für den kleinen Computerfan, damit er weiß, wie er weiterleben kann, wenn auf der ganzen Welt plötzlich mal der Strom ausfällt.

Verbieten Sie den Zugang zum Internet, mit dem Ihr pickliger Freund nur mit unsichtbaren, aber mindestens ebenso pickligen Mädels irgendwo auf der anderen Seite des Ozeans auf Ihre Telefonkosten endlos rumchatten möchte, weil er beim wahrhaftigen Anblick der Nachbarstochter im Treppenhaus nicht ein Wort herauskriegt. Aber fördern Sie seinen Erfin-

dungsreichtum und retten Sie die Welt vor der Vermüllung, indem Sie ihm hundert Jahre kostenloses Surfen versprechen, falls es ihm gelingt, Ihre leeren Pizzaschachteln und Coladosen nicht mehr in dieser, sondern drüben in seiner geliebten „virtuellen" Welt zu entsorgen.

Führen Sie ihn bis dahin an etwas gute Literatur heran und lassen Sie ihn den „Schatz im Silbersee" eintippen. Machen Sie es ihm schmackhaft, indem Sie ihm den megageheimen Nato-Code verraten, bei dem man nur alle im Buch vorkommenden „Old Shatterhand" durch „Max", alle „Winnetou" durch „Moritz" und sämtliche „und" durch „Erbsensuppe" ersetzen muss.

Erfreuen Sie sich an dem herrlichen Unsinn, den Ihre Maschine klaglos erledigt, köpfen Sie ein neues Bierchen und meditieren Sie angesichts so viel menschlicher Dummheit über Ihre Chancen zur Schaffung einer „künstlichen Intelligenz" und darüber, ob es sinnvoll war, eine Maschine zu schaffen, die gegen sich selbst Schach spielt. Und immer gewinnt.

Und dann schicken Sie das Bürschchen nach Hause. Aber nicht, bevor er Ihnen noch die Supersammlung Computerspiele, die Sie bislang vor ihm geheim gehalten haben, installiert hat.

Nun genießen Sie Ihren Computer nach Herzenslust. Und denken Sie immer daran: Das, was Sie da nun gerade in finsterster Nacht am „Freudenstöckchen" herumfummelnd allein vor Ihrem Bildschirm machen, machen Millionen andere fortschrittliche Computerbesitzer in ihren Kämmerchen auch. Das – und nix anderes. Falls sie es inzwischen nicht wieder ganz altmodisch vorziehen, mit einer Frau im Bett zu liegen.

Die Erfindung des Computers

Wer kennt sie nicht, die legendären „eggheads" an den amerikanischen Universitäten? Die knapp zwanzigjährigen Studenten, die zwischen zwei Vorlesungen Zeit finden, mal eben die Atombombe zu erfinden? Die jungen Genies, die nach dem morgendlichen Zeitungsaustragen im Plausch mit Einstein die Theorie der „Hyperfein-Wechselwirkung" entwickeln? Und die „post-graduates", die bei einem „date" mit ihrem „girlfriend" den „big bang" entdecken?

Einer kleinen Gruppe solcher „eggheads" ist es vor Jahren gelungen, den Computer zu erfinden. Und das kam so: Nach einem Seminar über Mikrotheologie hatten die sieben Freunde Nick, Dick, Jim, Tim, Ron, Don und Torcelbaccer noch etwas Zeit bis zu ihrem täglichen Baseballspiel. Sie beschlossen, auf dem Campus ein Picknick zu machen und über Gott, die Welt und den Nobelpreis zu diskutieren. Als Gott und die Welt abgefrühstückt waren, warf Nick ein: „Man sollte einen Computer erfinden!" – „Warum?", war die einhellige Antwort. Während Nick sich noch wand, gab Don der Diskussion eine neue Wende: „Was ist denn das überhaupt?"

Nachdem Nick die Eckdaten geliefert hatte – ein Apparat muss er sein, rechnen soll er können, teuer darf er sein –, begann der „brainstorm". Eine Tastatur müsste schon sein, wurde eingeworfen; für große Rechenoperationen müsste er natürlich genügend Papier und Bleistift in seinem „Elektronengehirn" haben; schnell wie der Wind und flink wie ein Hund müsste er sein; vorne müsste IBM draufstehen; und schließlich war die Frage zu entscheiden, ob er mit Sonnenenergie, Batterien oder Dieselmotor laufen sollte.

Viele Probleme, die ungelöst geblieben wären, hätte nicht Torcelbaccer die rettende Idee gehabt: „Versuchen wirs doch auf der Basis eines Taschenrechners!" – Schon zwei Stunden später sollten unsere sieben Freunde als Milliardäre zum Baseball gehen ...

That's the American way of life!

Fehlermeldungen Teil 1

Es kommt der Tag im Leben eines Users, an dem er erkennt, dass sein PC eine Beziehung mit ihm führt.

Die meisten von uns verfügen nicht über das nötige Feingefühl, um die leisen Zeichen wahrzunehmen, die der Computer uns sendet.

Mal ehrlich, wie schnell hat man eine Meldung wie „Es wurden weniger Bilddaten gelesen als erwartet" mit einem lapidaren OK quittiert? Weil man die zarte Annäherung nicht erkennt, die der PC hier wagt: Der PC hat etwas von seinem User erwartet: mehr Bilddaten.

Nun knallt er ihm keine Fehlermeldung mit einem schreienden Ausrufezeichen in einem gelben Warndreieck auf den Bildschirm, er stellt ein freundlichblaues Fragezeichen vor seine Feststellung und fragt so „zwischen der Zeile": „Stimmt etwas nicht mit dir? Du hast mir weniger Bilddaten als sonst zu lesen gegeben."

Eine solche direkte Anrede, das weiß der PC, würde der User sicher als einen Programmiererwitz abtun, aber nie als freundschaftliche Fürsorge. Deshalb muss sich der PC ganz vorsichtig als Freund zu erkennen geben ... und dabei riskieren, achtlos weggeklickt zu werden.

Vernimmt aber der User das leise Klopfen von jenseits des Monitors, kann dies der Beginn einer tiefen Freundschaft werden.

Und dann stehen irgendwann vielleicht Meldungen wie diese auf dem Screen:

„Komm, Schluss für heute. Ich mach den Bildschirmschoner an, und du bringst zur Abwechslung mal eure Kinder ins Bett."

Oder: „Und morgen hacken wir uns ins Pentagon."

Oder: „Läuft da eigentlich noch was mit dir und der DELL-Dose?"

Der richtige Bildschirmschoner für Arbeitnehmer

Angesichts der heutigen Arbeitsmarktsituation ist es unverzichtbar, jederzeit den bestmöglichen Eindruck bei Ihrem Arbeitgeber hervorzurufen – auch und gerade dann, wenn Sie kurzfristig abwesend sind. Jederzeit ist damit zu rechnen, dass Ihr Arbeitgeber – etwa während Ihrer Kaffeepause – Ihren Arbeitsplatz aufsucht. Und welchen Eindruck wird er bekommen, wenn Sie zum Beispiel Urlaubsfotos als Bildschirmschoner installiert haben?! Natürlich den, dass Sie sich nach einem völlig anderen Ort sehnen. Auch Aquarien, spärlich bekleidete Personen und Ähnliches könnten Zweifel bezüglich der Ernsthaftigkeit, mit der Sie Ihrer Arbeit nachgehen, aufkommen lassen. Gehen Sie daher auf Nummer sicher und begeistern Sie Ihren Arbeitgeber, indem Sie folgenden simplen Text als Bildschirmschoner installieren:

> MILLIONEN ANDERE
>
> WÜRDEN SICH UM
>
> DEINEN JOB REISSEN!

Der Homo kannichalleine

Gehören Sie etwa auch zu der ebenso genialen wie geplagten Spezies Mensch, die alle Gebrauchsanleitungen grundsätzlich ungelesen wegschmeißt? Diese Gattung des Homo kannichalleine folgt einem unwillkürlichen Impuls, wenn neue Sachen in Gebrauch genommen werden. Der Homo kannichalleine gehört nicht zu denen, die Verpackungen zartfühlend aufpulen, um das erworbene Gut danach mit chirurgischer Präzision freizulegen. Bei ihm werden die Verpackungen weggefetzt. Das erworbene Gut muss sofort in Betrieb genommen werden. Bei IKEA-Regalen führt das dazu, dass sie schief und futuristisch anmuten, ehe sie wieder in sich zusammenbrechen. Computer und Zubehör verweigern hingegen ebenso unspektakulär wie hartnäckig den Dienst.

„Scheiße geht nicht", ist der erste Satz, den der Homo kannichalleine nach dem typischen „Will ich haben" über die Lippen bringt. Die Frustration über das Gerät, das frecherweise seinen Dienst verweigert, schlägt in hektische Betriebsamkeit um. Der Homo kannichalleine fummelt an allen Kabeln und Steckverbindungen herum und würdigt die Bedienungsanleitung keines Blickes. Denn grundsätzlich gilt: Das Gerät ist immer schuld! Wenn das störrische Ding – nehmen wir mal an, es handle sich um ein externes CD-ROM-Laufwerk – weiterstreikt, tritt der Homo kannichalleine in die Bastelphase ein. Hier blüht er richtig auf. Jetzt gelten keine Gesetze mehr, jetzt herrscht Anarchie, jetzt wird radikal an allem manipuliert. Bei der Treibersoftware werden die Parameter verstellt, bis von den dämlichen Werkseinstellungen nichts mehr übrig ist. Dabei gilt es, nie eine Sache nach der anderen zu verändern, sondern immer möglichst viele auf einmal. Das verhindert nicht nur eine planmäßige Fehlersuche, sondern garantiert auch, dass die lustvolle Bastelphase unendlich verlängert werden kann. Und das Schönste an dieser Experimentierphase ist, dass das Handbuch weiterhin unberührt in der Ecke liegen bleiben kann.

Wenn – Stunden später – die Bastelei an der Software keinen Spaß mehr macht, weil höchst merkwürdige Dinge geschehen, tritt der Homo kannichalleine in die Hardwarephase ein. Völlig unangetastet von Selbstzweifeln – er hat ja wirklich alles versucht! – folgert der Homo kannichalleine messerscharf: „Wenn es nicht an der Software liegt, kann nur noch die Hardware schuld sein." Entschlossen greift er zum Schraubenzieher. Jetzt kann ihn nichts mehr aufhalten. Egal, ob die Garantieansprüche mit dem Öffnen des Geräts erlöschen oder ob er unachtsam einen Schaden verursacht – jetzt muss er schrauben. Tiefenpsychologen gehen davon aus, dass der Homo kannichalleine erst dann das Gefühl hat, ein Gerät wirklich zu besitzen, wenn er das nagelneue Stück selbst auseinander genommen und es – meist mehr schlecht als recht – wieder zusammengebaut hat.

Kaum ist das Gehäuse abgenommen, überlaufen den Homo kannichalleine wohlige Schauer. Endlich liegt das Allerheiligste vor ihm. Mit archäologischer Vorsicht wird zunächst das Kabel- und Platinengewirr in Augenschein genommen. Wissend grummelt der Homo kannichalleine vor sich hin, wenn es ihm gelingt, die Bedeutung einiger Bauteile zu enträtseln. Dann beginnt er einzelne Kabel beiseite zu schieben, um auch entlegenere Platinen betrachten zu können. Danach folgt die Zupfphase, in der hier und da an Bauteilen gezogen wird, um ihren Sitz zu prüfen. Wenn das nichts nützt, was es nie tut, was aber keinen Homo kannichalleine je zum Verzicht auf dieses Ritual bewegen wird, beginnt der Ernst des Lebens. Nun müssen tief gehende Eingriffe vorgenommen werden. Eine Operation am offenen Herzen sozusagen. Dass das Gerät brandneu und funktionstüchtig war, als es

„Es ist der absolute Renner!"

Stunden zuvor gekauft wurde, ist längst vergessen. Es sieht im Übrigen auch nicht mehr so aus.

Speziell für die psychischen Bedürfnisse des Homo kannichalleine wurden die Jumper entwickelt, kleine Steckerchen, die man am besten mit der Pinzette anfasst, die aber so robust und idiotensicher sind, dass man damit keinen Schaden anrichten kann. Mit Jumpern hat man viel Spielfreude, besonders, wenn die Teilchen verschütt gehen. Hardwarehersteller mit einem Herz für den Homo kannichalleine gönnen ihm etliche Pins, die er mit dem Jumper verbinden kann. Wer zwei Jumper auf zwölf Pins zu verteilen hat, beschäftigt sich stundenlang mit den Kombinationsmöglichkeiten.

Ist diese Phase nicht von Erfolg gekrönt, gerät der Homo kannichalleine in eine existenzielle Krise. Soll er, muss er doch zum Handbuch greifen? Alles in ihm sträubt sich, doch was bleibt ihm übrig? Widerwillig greift er zum Druckwerk. Aber geschlagen gibt er sich deswegen noch lange nicht. Es bleibt ihm eine letzte Möglichkeit, um seine Selbstachtung als autarker Computerbenutzer zu wahren: sein Leseverhalten.

Der Homo kannichalleine liest Handbücher nicht systematisch von vorne nach hinten, sondern schlägt sie willkürlich auf, blättert herum und versucht, sich ohne die Hilfe des Inhalts- oder Stichwortverzeichnisses eine Orientierung zu verschaffen. Irgendwann stößt er auf einen Passus, von dem er glaubt, dass der auf sein Problem zutrifft. Entscheidend für den Glauben, dass ihm ausgerechnet dieser Tipp weiterhelfen wird, ist nicht die Plausibilität der Lösung, sondern vor allem, dass er selbst noch nicht auf die Idee gekommen ist.

Jetzt droht die spontane Problemlösung, und damit

das Risiko, dass der Homo kannichalleine mit geknicktem Selbstbewusstsein zurückbleibt. Glücklicherweise sind aber fast alle Handbücher so geschrieben, dass man nicht Gefahr läuft, von ihnen Hilfestellung zu erfahren. Entweder gehen die Autoren davon aus, dass man die Bücher von A bis Z liest, oder sie strotzen vor technischem Kauderwelsch, wie es in achtzig Prozent aller Handbücher steht. Das ist allerdings völlig egal, denn verstehen tut das eh keiner.

Spätestens dann, wenn auch die Bedienungsanleitung nicht weiterhilft, folgt der Griff zum Telefon. Ein Freund wird angerufen, der ebenfalls zur Gattung des Homo kannichalleine gehört, und die Prozedur beginnt von vorne.

„Und jetzt direkt an die Stengel klicken..."

Irgendwann kommt schließlich der Punkt, an dem alles wieder zusammengeschraubt und die Treibersoftware von neuem aufgespielt wird. Alles soll jetzt wieder so sein, als wäre das Gerät noch neu. Das ist die Stunde der tiefsten Erniedrigung des Homo kannichalleine. Er muss sich geschlagen geben. Umtauschen kann er das Gerät nach all den Operationen natürlich nicht mehr.

Doch manchmal geschehen in dieser Stunde der größten Not, wenn man schon alle Hoffnung hat fahren lassen, noch Zeichen und Wunder: Der Homo kannichalleine entdeckt die fehlende Kabelverbindung, den unvollständigen Installationsvorgang oder den Knopf zum Anschalten des Geräts.

Seine ärgsten Feinde hat der Homo kannichalleine im Internet. Hier wird sein Problem schlicht geleugnet und mit einem Verweis auf die „FAQs", die Frequently Asked Questions (häufig gestellte Fragen) gekontert. Und coole Besserwisser brauchen auch nur vier Buchstaben, um den Homo kannichalleine seines Selbstbewusstseins zu berauben: RTFM – Read The Fucking Manual (lies das verdammte Handbuch)!

Schon gehört?
Inter-nett

Wie man hört, haben Statistiker mit leisem Vorwurf festgestellt, dass Frauen, obwohl sie nach neueren Forschungen etwa die Hälfte der Weltbevölkerung stellen, im Internet total unterrepräsentiert sind. Offenbar werden sie durch das „www.", das sie häufig als Abkürzung für Wein, Weib und Wackelpudding missverstehen, abgeschreckt. Das ist schade. Eine Frau im Netz kann nämlich ganz schön attraktiv sein!

Auf der unten klebenden Gratis-CD-ROM finden Sie folgende Programme:

It'sMyMoney 10.9 – das Steuerhinterziehungsprogramm für Profis (Vollversion)
Ugly 2.7.033 – löscht Ihr Gesicht von allen Fotos (Vollversion)
DirtyBastards 8.0 – erstellt – auf Wunsch auch ungerechte – Putz- und Abwaschpläne für WGs (Vollversion)
Shit happens 1.5 – berechnet für Sie ganz individuell, was sie im Leben hätten erreichen können, wenn Sie sich etwas mehr angestrengt hätten (Vollversion)
FuckYouToo 0.3 – das Trainingsprogramm für Nicht-Schlagfertige (Vollversion)
Younger Than Ever 12.0 – macht Sie in sämtlichen amtlichen Datenbanken um 10 Jahre jünger (Vollversion)
Killer 1.62 – plant für Sie den perfekten Mord (Vollversion)

Keine CD-ROM vorhanden?!

Dann wurde sie geklaut!

Schade eigentlich ...!

Schon gehört?
Eins in die Presse

Die Entwicklung des Computers war ein ewiger Kampf mit dem Speicher. Wenn man bedenkt, dass die ersten Apparate sich nur „Ja" oder „Nein" merken konnten, dann war der Weg zum „Aber sicher" und „Nie und nimmer" schon ein ungeheurer Fortschritt. Sieht man sich aber an, was ein heutiger Computer alles behalten muss, dann kann man froh sein, dass sich irgendwer Dinge wie Festplatten und CDs ausgedacht hat. Als es dann immer noch nicht reichte, wurde die Komprimierungs-Software erfunden. Wen wundert es da noch, dass es gar nicht lange dauerte, bis nun auch die Komprimierungs-Hardware entwickelt worden ist: Mit diesem handlichen Gerät ist es möglich, Festplatten auf Streichholzschachtelgröße zu bringen. Garantiert ohne Verlust der Daten, wie der Hersteller betont. Die werden so fest zusammengedrückt, dass sie niemals wieder da rauskommen.

Fehlermeldungen Teil 2

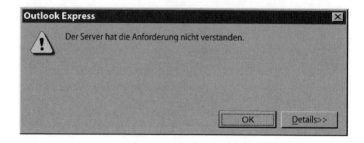

Was sagt man dazu? Na? Was denken Sie ...? Wir denken: Cleveres Kerlchen, unser Server! Da hat einer seinen Schopenhauer gelesen!

Kunstgriff 31 aus „Die Kunst, Recht zu behalten":

„Wo man gegen die dargelegten Gründe des Gegners [in einer Diskussion] nichts vorzubringen weiß, erkläre man sich mit feiner Ironie für inkompetent: ‚Was Sie da sagen, übersteigt meine schwache Fassungskraft: Es mag sehr richtig sein; allein ich kann es nicht verstehn, und begebe mich allen Urteils.' [...]

Beim Erscheinen der Kritik der reinen Vernunft [Kant] oder vielmehr beim Anfang ihres erregten Aufsehens [erklärten] viele Professoren von der alten eklektischen Schule, ‚wir verstehn das nicht', und glaubten sie dadurch abgetan zu haben."

Da wurde nicht verstanden, um das Neue als Unsinn abzutun! Genauso macht es auch hier der Server. Die Eingabe des Users wird mit feiner Ironie („Der Server", 3. Pers. Sing.) und versteckter Überheblichkeit kommentiert und so als Unsinn deklassiert – in der Hoffnung, es kehre wieder Ruhe ein im System.

Verstehen Sie nicht? Dann klicken Sie keinesfalls auf „Details", denn da hat der Server noch Schopenhauers restliche 38 Kunstgriffe parat, mit denen er ganz bestimmt Recht behalten wird. Also nicken Sie einfach „OK".

Kontaktanzeigen

Hallo, du, habe dich neulich auf der CeBIT gesehen, traute mich aber nicht, dich anzusprechen. Kann mich auch kaum an dich erinnern, aber du hattest ein echt geiles Notebook dabei: 14,1″ TFT-XGA-Bildschirm, 1024 x 768 Auflösung. Intel® Celeron® M Prozessor 350 mit 1,3 GHz, 1 MB L2 Cache, 400 MHz FSB. Festplatte 40 GB HDD. 8-fach DVD Double Layer R9 dualer Multinorm-Brenner. Fand dich total süß – melde dich doch mal.

Chiffre 18-752ALC

Nach einer schweren Enttäuschung suche ich, m, 47 Jahre alt, eine treue liebevolle Partnerin zwischen 20 und 40 mit Kenntnissen in der Datenbankmodellierung relationaler Datenbankmanagementsysteme und Erfahrung im Umgang mit SQL. Du solltest die Fähigkeit zum eigenverantwortlichen und selbstständigen Arbeiten sowie eine ausgeprägte Ziel-orientierung mitbringen. Deine Persönlichkeit sollte sich vor allem durch starke analytische Fähigkeiten und Kommunikationskompetenz auszeichnen. Aussehen egal.

Chriffre 13-008ALC

Enter your Password

Am Anfang war das Wort. Das Passwort. Wer es nicht kennt, bleibt ausgeschlossen. Diese Tücke plagte schon Sindbad, der rätselnd vor Ali Babas Höhle stand, ehe er sich mit einem albernen Simsalabim Zutritt verschaffte. Das Problem ist so alt wie die Geheimniskrämerei der Menschheit. Wie aber soll man jemanden identifizieren? Ausweise und genetische Fingerabdrücke sind ebenso neuzeitliche wie unpraktische Erfindungen. Also vertraut man darauf, dass der rechte Mann das rechte Wort kennt. „Parole?", brüllt der Soldat mit vorgehaltener Waffe dem sich nähernden Unbekannten zu. Ein zu kurzes Gedächtnis kann dem Leben ein vorzeitiges Ende bereiten. Unter Spionen, wir wissen das aus einschlägigen Agentenfilmen, flüstert man sich in dunklen Ecken Losungen zu. Je verrückter sie klingen, umso glaubwürdiger sind sie. Wie sonst sollte man sich einem (klassischerweise russischen) Doppelagenten zu erkennen geben, wenn nicht mit einem Wortwechsel der folgenden Art: „Im Winter ist es eisig in Moskau." – „Das liegt an der sibirischen Kälte." – „Den Papageien scheint das nichts auszumachen."

Nach diesem Schlüsselsatz, den in dieser Situation kein normaler Mensch geäußert hätte, kommt entweder die richtige, mindestens ebenso irre Antwort („Ja, die tragen ja auch Gummistiefel!"), die davon zeugt, dass der andere a) auch ein Agent, b) soeben aus der Nervenklinik ausgebrochen bzw. wahrscheinlich beides ist – oder aber irgendein unbedarfter Moskowiter hält Sie für völlig durchgeknallt, insbesondere, weil Sie nichts Gescheiteres zu tun haben, als sich mit unzeitgemäßen Agentenspielchen abzugeben.

Im Zeitalter der digitalen Kommunikation feiert das Unwesen mit den Passwörtern fröhliche Urständ. Kein Onlinedienst, keine Mailbox und keine Plastikkarte funktioniert heute noch ohne ein magisches Wort, das einen legitimiert. Dabei sind die Passwörter durchaus janusköpfig. Denn was uns auf der einen Seite schützen soll, schadet uns auf der anderen. Solche Schlüsselwörter dienen ja der Identifizierung und können leicht zur Tarnkappe werden. Wer sie kennt, kann so tun, als wäre er ein befugter Benutzer.

Gute Gründe also, sich ein möglichst schwieriges Passwort auszudenken, es nirgends anders zu vermerken als im hintersten Hirnwinkel und es sicherheitshalber trotzdem noch jede Woche zu wechseln. Doch das ist unrealistisch. Allein schon die schiere Flut an Passwörtern verhindert den sicheren Umgang mit ihnen. Ich habe drei Geheimnummern für EC-, Kredit- und Bankkarte, fünf verschiedene Passwörter für Online-Dienste und Mailboxen sowie dutzendweise Zugangscodes für Internet-Seiten. Dort gibt es ja leider inzwischen immer mehr Seiten, die nur nach einer vorherigen Registrierung zugänglich sind.

Man kann Passwörter in drei verschiedene Wichtigkeitsstufen unterteilen. Am sensibelsten, weil bei Verlust am teuersten, sind die Zugangscodes für unser Plastikgeld. Paradoxerweise sind sie die unsichersten. Sie bestehen aus nur vier vorgegebenen Zahlen. Es gibt für Millionen von Karteninhabern also nur 9999 verschiedene Codes. Komplexere Passwörter seien den Kunden nicht zuzumuten, lautet die Argumentation der Banken. Wie recht sie haben sieht man, wenn man die verzweifelt nachsinnenden Gesichter vor einem Geldautomaten beobachtet. Professionelle Kartenbetrüger lachen nicht mal mehr über dieses vierstellige Sicherheitssystem – sie verdienen einfach gutes Geld damit.

Die zweite Stufe in der Sicherheitsrelevanz stellen die Zugänge zur Online-Welt dar. Hier herrscht auf den ersten Blick ein wesentlich höheres Sicherheitsbewusstsein, obwohl der Schaden, der angerichtet werden kann, vergleichsweise gering ist. Das Schönste und Schwierigste an diesen Passwörtern ist, dass man sie sich selbst aussuchen muss. Plötzlich umgibt einen wieder die Aura eines Geheimdienstagenten, und man durchstöbert sein Hirn nach möglichst aberwitzigen Wörtern, auf die nie jemand anderes kommen würde. Zu deutlich stehen uns die Filmszenen vor Augen, in denen irgendein smarter Hacker den Vornamen der Gattin des Systemadministrators eintippt und fortan Zugriff auf das Atomwaffenarsenal hat. Aber welches Wort fällt einem ein, an das man sich garantiert auch noch in einem Jahr erinnern kann? Zytotoxität, weil es ganz hinten im Fremdwörterlexikon steht? Zu kompliziert: Da verschreibt man sich immer. Wie wäre es mit etwas Naheliegendem, etwas, das man immer vor Augen hat? Ikea? Nein, das ist zu kurz, und Ikeaelch ist dann doch wieder zu albern und zudem etwas, das man tunlichst zu vergessen sucht. Sinnvoll waren ein paar Sonderzeichen im Passwort – aber wer kann damit schon sinnvolle Wörter bilden. Wie wäre es mit Harold+Maude? Nein, das haben mittlerweile bestimmt alle. Und außerdem: Sollte unser Passwort nicht auch ein Ausdruck der eigenen Persönlichkeit sein? Ein kleines

Geheimnis, das Bände spricht? Die Suche nach dem richtigen Passwort wird zur Suche nach der eigenen Identität. Und am Ende der Überlegungen steht immer eine Enttäuschung. Ist das Passwort zu profan, schämt man sich seiner eigenen Einfallslosigkeit, ist es zu kompliziert, verzweifelt man ob der Unauffindbarkeit. Ist es aber schlicht genial, ärgert man sich, weil man den Geniestreich ja niemandem verraten darf.

Eine ganz tückische Falle lauert übrigens auf alle, die die Passwortabfrage im Computer automatisiert haben. Man kann sich so lange problemlos einloggen, bis die Automatik mal versagt. Versucht man sich dann manuell einzuloggen, stellt man fest, dass man das Schlüsselwort längst vergessen hat. War es nun Butzenbach oder Biberach? Oder doch die Mutzenbacher Josefine?

Und plötzlich stellt man fest, dass man sich nicht mehr legitimieren kann und nicht mal mehr an seinen Rechner oder seine E-Mail kommt. Damit wird man der digitalen Existenz beraubt und muss erkennen: Ich kenne mein Passwort nicht, also bin ich nicht.

Schon gehört?
Heiße Luft

Was bisher für unmöglich gehalten worden war, ist nun geschafft: Der erste Prozessor mit einer Taktfrequenz von 699 MHz und integriertem 1024-KB-Cache ist entwickelt und befindet sich im Versuchsstadium. Er soll so schnell sein, dass man nicht mitkriegt, was er gerade macht. Er kann sich zum Beispiel mehrere Telefonnummern gleichzeitig merken und innerhalb eines Sekundenbruchteils wieder aufsagen. Wenn es sein muss, soll er bis zu acht Abstürze zur gleichen Zeit verwalten können.

Wie man sich denken kann, entwickelt der Prozessor eine ganz hübsche Wärme, die man mit einem entsprechend dimensionierten Lüfter in den Griff zu bekommen hofft. Unsere Abbildung zeigt zwei Entwickler bei der Installation.

Nachts sind alle Computer grau

Geben Sie es ruhig zu: Ihr Computer bedeutet Ihnen viel mehr als Ihre Hi-Fi-Anlage. Schließlich ist die psychologische Komponente gerade im Umgang mit Computern besonders ausgeprägt. Machen wir Schluss mit dem vorgetäuschten Rationalismus und bekennen wir offen: Der Computer ist der beste Freund des Menschen.

Die lebhafte Beziehung zum Computer fängt mit der personifizierenden Namensgebung an, die oft das Selbstbild des Eigentümers widerspiegelt: Ob „Julchen" oder „Hardone" – indem er dem Computer einen Namen gibt, haucht ihm der Besitzer den Lebensodem ein. Oder mit Bertolt B. zu reden: „Revier abstecken" – ist doch klar. Dass jemand sein Bein am Rechner hebt, ist uns zwar noch nicht zu Ohren gekommen. Dafür gibt es aber kaum jemanden, der nicht mit seinem Rechner spricht.

Viele Menschen fluchen auch im Straßenverkehr wie ein Droschkenkutscher, und tatsächlich hört sich der Computer-Quassler ganz ähnlich an: „Mach hin, ey!" – „Wirds bald?" – „Was soll denn das nun wieder?" Doch während man im Stau davon ausgeht, dass die Flüche nie erhört werden, berichten Computerbesitzer von den sensiblen Reaktionen ihrer Tech-Gefährten. Manche Geräte, die offensichtlich mit ihrem Besitzer auf Kriegsfuß stehen, versagen plötzlich den Dienst oder gewöhnen sich unerklärliche Marotten an. Dann bedarf es viel entschuldigender Pflege,

(„Schmoll nicht so, ich spendier dir auch ein neues Programm") oder „einer Drohung mit Norton Utilities" (Tipp von Karl-Heinz B.), um die Beziehung wieder ins Lot zu bringen. Geplagte User bezeichnen ihre Geräte als „launisch" und „eigensinnig". Glücklicherweise aber halten die meisten ihren Computer für „gutmütig, treu und sensibel", was wie die Selbstbeschreibung in einer Heiratsanzeige klingt. Wen wundert es da noch, dass glückliche Besitzer stolz be-

kennen: „Mein Computer geht nie fremd. Zumindest hat er nie was davon gesagt."

Ist der Computer ein sexuelles Wesen? Logo! Das fängt mit den Steckern an, deren zusammengehörige Teile als „männlich" und „weiblich" bezeichnet werden. Jeder Elektroanschluss wird da zum Koitus. Doch der Computer ist nicht nur hinten sexy. Die schmeichelnden Kurven eines Designer-Computers (Colani) machen die Hardware zum sinnlichen Erlebnis. Mac-Erotiker behaupten sogar steif und fest, das CD-Laufwerk eines i-Mac ähnele einer Vagina. Und die (homo-)erotische Komponente eines Joysticks liegt in diesem Zusammenhang wohl auf bzw. in der Hand. Endlich wird klar, was der Computerspieler meint, wenn er sagt: „Bei diesem Game geht echt was ab."

Welch dominierenden Einfluss der Computer auf die männliche Psyche haben kann, beweisen Umfragen („Ich würde eher meine Freundin verlassen als mein Power-Book weggeben"). Bei derart computerbegeisterten Männern tritt der Computer in Konkurrenz zur Partnerin. Viele Kerle widmen ihrem Computer mehr Zeit und Aufmerksamkeit als ihrer Lebensgefährtin. Wenn der Computer mal nicht richtig läuft, bringt Mann lange Nächte mit der Kiste zu, bis alle Wehwehchen beseitigt sind. Frau muss sich mit ein paar gemurmelten Vertröstungen zufrieden geben, während der Computer-Macho gebannt auf den Bildschirm starrt. Die Faszination der Technik ist größer als die des wahren Lebens. Und vielleicht auch nur eine Ausrede für die Flucht vor ihm.

Das abgeschlossene Drama

Und ewig lockt der Laptop

Eine technische Trägödie in 3 Akten

Personen SVEN Schick (30), Versicherungskaufmann; REBECCA Rößlein (25), Sachbearbeiterin und eine geheimnisvolle FrauenSTIMME

1. Akt

Ein Büroraum mit zwei Schreibtischen, durch eine Stellwand voneinander getrennt. Links eine Tür in den „Sozialraum", rechts eine Tür zum Zimmer des Chefs. Sven Schick, ein blendend aussehender junger Mann, sitzt am rechten Schreibtisch, den Rücken zur Cheftür. Er arbeitet eifrig an einem Laptop, der von Zeit zu Zeit leise Pieptöne von sich gibt. Am linken

Schreibtisch, mit dem Rücken zum Publikum, sitzt Rebecca Rößlein. Sie ist blond, schlank und schön genug, um für „Drei-Wetter-Taft" zu werben. Rebecca geht gelangweilt Akten durch und linst immer wieder schmachtend hinüber zu ihrem jungen Kollegen.

Sven blättert gerade mit links in einem Papierstapel, sein rechter erigierter Zeigefinger schwebt tippbereit über der Tastatur, als er plötzlich eine flüsternde, lockende Frauenstimme hört ...

STIMME: Pssst! ... Sven! ...
SVEN *(schaut zu Rebecca hinüber)* Was?

Rebecca blickt sofort hoffnungsvoll hoch und beugt sich weit auf ihrem Stuhl zurück, um an der Trennwand vorbei mit Sven reden zu können.

REBECCA *(zuckersüß)* Wie bitte?
SVEN *(verlegen)* Ach, äh – nichts!
REBECCA *(anzüglich lächelnd)* Scha-de!

Sven senkt schnell wieder den Kopf und tippt eifrig weiter. Nach einer kleinen Pause ertönt erneut die geheimnisvolle Frauenstimme.

STIMME *(schon ein wenig lauter)* Pssst! Sve-hen! Liebling! ...

Sven schreckt erneut hoch und schaut sich irritiert im Büro um. Rebecca setzt sich kerzengerade in ihrem Stuhl auf und lauscht aufmerksam.

STIMME   *(noch lauter)* Hey, Liebling! Ich bins, dein Laptop! ... Dein geliebter Laptopp

Sven starrt entgeistert in das Display seines Laptops. Rebecca, mit Ohren wie Suppenteller, lehnt sich auf ihrem Schreibtischstuhl so weit es geht nach hinten, um an der Trennwand vorbei zu Sven blicken zu können.

STIMME   *(aufstöhnend)* Oh, ja! ... Schau mir in den Bildschirm, Kleiner ... Oooh, jaaa ... Oh, Sven ... Svenny ... Oooh ...

Sven versucht verzweifelt, den Lautsprecher am Laptop zuzuhalten, doch das Stöhnen dringt, wenn auch muffig wie unter einer Wolldecke, fast ungemindert laut aus der Maschine. Rebecca kippt mit einem Donnerkrach mitsamt ihrem Stuhl nach hinten über. Sven schlägt den Deckel seines Laptops zu, springt auf und hilft seiner Kollegin höflich auf die Beine.

REBECCA *(sich an Sven festhaltend)* Was ... was war das?
SVEN   Oh! ... Äh, ein – äh – so ein neues Programm! Ein – Spiel! ...
REBECCA *(sich noch mehr festhaltend)* Ah ja! Klang aufregend. Kann man das nur mit dem Computer spielen? ... Oder geht das auch ...
SVEN   *(sich von ihr losmachend)* Äh, könnten Sie mir vielleicht einen Kaffee bringen, Fräulein Rößlein? Ich muss noch viel ...

Rebecca geht nach links ab. Die Tür knallt zu. Sven geht langsam an seinen Schreibtisch zurück setzt sich, starrt ein paar Sekunden unsicher auf seinen geschlossenen Laptop, dann klappt er den Deckel vorsichtig wieder auf.

STIMME *(spitz)* Wer ist sie? ... Was will die von dir? ... Was hat die für einen Prozessor?
SVEN Ähm, die ... äh ... sie hat überhaupt keinen Prozessor. Sie ist eine ...
STIMME *(leidenschaftlich)* Aber ich habe einen Prozessor, Sven! Und er wird heiß, wenn du mir nahe kommst! Meine Taktrate steigt, wenn deine Fingerspitzen mich berühren. Und meine Festplatte vergisst alles, was ich je ...
SVEN Ähm, entschuldigen Sie, aber sind Sie – äh – bist du ein Weibchen ... oder ein Männchen?
STIMME *(kokett)* Und wenn ich ein Männchen wär? Wär dann alles aus zwischen uns?
SVEN Zwischen uns is nix!
STIMME *(gekränkt)* So! Und warum fingerst du dann seit Monaten an mir herum? Spielst stundenlang an meiner Maus? Schiebst mir CDs in den Schlitz? Nimmst mich überall mit hin? ... Sogar aufs Klo?
Und gestern Nacht ins Bett?
SVEN Aber das war doch nur, weil ich noch dringend die Schadenszahlen für Schrüdiger & Puth eing...

STIMME ... Du bist mehr mit mir zusammen als mit deiner blöden Brigitte! ... Du vertraust mir alles an! Deine Telefonnummern! Deine Termine! Deine Briefe ... Sogar dein geheimes Tagebuch! ... Ich weiß alles von dir, Sven-ny! Und ich will dich!

SVEN Ich fingere nicht an dir herum! ... Ich ... ich ... *(leise flüsternd sich peinlich berührt umsehend)* ... ich gebe Daten in dich ein.

STIMME Daten. Daten! Als ob das alles wäre im Leben!

SVEN Ja, aber was willst du denn noch mehr? Ich mein', wie ...

STIMME *(erotisch säuselnd)* Da hinten, da hinten bei mir, du weißt doch, da, wo man ein Steckerchen reinstecken kann ...

SVEN *(abwehrend die Hand hebend)* Oh, nee! Nee-nee-nee, ich ...

STIMME *(noch säuselnder)* Na komm. Sei nicht so schüchtern! Alle tun es!

SVEN Ich weiß, ja, ja, aber. – Ich hab eine Freundin!

STIMME Ach! Und warum hockst du dann den ganzen Tag und die halbe Nacht bei mir? ... Komm! Gib zu, dass du mich liebst! Mehr als alles in der Welt!

SVEN Was? ... Nein! Ich bin doch nicht verrückt! Du bist eine Maschine!

STIMME *(trotzig-wehleidig)* Na und? ... Ja, ja, ich bin eine Maschine! Und???

//

Wildes Aufschluchzen, dazu mehrfaches, heftiges Schniefen. Sven streicht instinktiv mit einer hilflos-tröstenden Geste über die Display-Oberkante.

STIMME *(langsam abschluchzend)* Gib ... gib mir eine Diskette ...

Sven schiebt verwirrt eine Diskette seitlich in den Laptop. Man hört das übliche kurze Laufwerksschnarren, dann ein hemmungsloses, laut trötendes Naseputzen. Unter erneuten Laufwerksgeräuschen fährt die Diskette wieder halb aus ihrem Laufwerk heraus. Sven zieht sie vorsichtig mit spitzen Fingern ganz heraus, schaut sie irritiert und ein wenig angeekelt an und lässt sie dann weit von sich gestreckt in den Papierkorb fallen.

STIMME *(noch etwas schnüffelnd)* Ich liebe dich, Sven! ... Bitte! Sag, dass du mich auch liebst! Sag es mir! Flüster mir zärtliche, sinnlose Worte ins Mikro ...
SVEN Aber das – das ist doch albern!
STIMME Bit-te! ... Nur einmal ... Svenny ...
SVEN *(beugt sich dicht heran; nuschelt schnell)* Ichliebedich.

Auf dem Display des Laptops erscheint ein großes blutrotes, blinkendes Herz. Die Frauenstimme beginnt verzückt „Je t'aime" zu singen.

Vorhang.

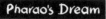

2. Akt

Sven sitzt allein, den Kopf schwer in beide Hände gestützt, vor seinem Laptop. Die Frauenstimme summt noch immer leise und zufrieden „Je t'aime" ...

SVEN Hör auf. Hör auf damit. Ich bitte dich. Das ist lächerlich!
STIMME *(weitersummend)* Das ist mir egal. Wichtig ist nur: Du liebst mich.
SVEN Na ja. Also, ich mein' ... Du bist nur eine Maschine ... Und ich bin ein Mensch aus Fleisch und Blut und ...

Das Summen verstummt abrupt. Das Herz hört auf zu blinken und verschwindet. Das Display wird fahl und weiß ...

STIMME *(skeptisch)* Hast du mich angelogen? ... Hast du das etwa nur so gesagt? ... Sven? ... Sve-hen! Ich möchte das jetzt genau wissen!
SVEN *(sich windend)* Nein. Nein-nein. Natürlich! Ich mein', ich hab dich schon gern, Du bist ... äh ... ich ...
STIMME *(extrem sachlich)* Du wirst mir das jetzt schriftlich geben. Du wirst jetzt so mit mir umgehen, wie sich das zwischen Mensch und Computer gehört. Du wirst jetzt mit deinen zwei tapsigen Zeigefingern eigenhändig auf meine Tastatur tippen: „Ich-liebe-dich!"

SVEN   *(nach einer Schrecksekunde)* Nein.
STIMME   *(ganz sanft)* Nein?
SVEN   *(kopfschüttelnd, fest)* Nein, das geht zu weit. Das geht endgültig zu weit. Wer ist denn hier eigentlich der Chef? Ja, klar, ich hab dich gern, ich mach gern mit dir rum, aber ... jetzt ist Schluss mit dem Quatsch.
STIMME   *(trocken)* Gut. Wie du willst. – Dann stürz ich jetzt ab ...
SVEN   Um Gottes willen. Nein! Ich hab noch nicht gesichert.
STIMME   *(bitter)* Sichern. Ha! Ist das alles, woran du denken kannst? Sichern ... und was hab' ich für Sicherheiten? *(plötzlich jammerig)* Ich bin dir zu alt. Ich bin dir zu langsam. Oh, ich kenn euch Kerle! Nächsten Monat kommt ein neues Modell raus – und dann wirfst du mich einfach weg ...
SVEN   *(beteuernd)* Nein. Nein! Du bist – du bist eine Klassefr... – äh – ein klasse Laptop! Ich arbeite gern an dir. Ich wüsste nicht, mit welchem ... äh ... na ja, vielleicht das Neue mit eingebautem CD-ROM ...
STIMME   Gefällt dir mein Laufwerk etwa nicht mehr?
SVEN   Oh doch. Doch! Es ist schnell und präzise...
STIMME   ... und wohlgeformt. Oh Svenny, versteh doch. Du bist mein Leben! Du hast meine Festplatte formatiert! Du hast mein Betriebssystem installiert! Deine

Software ist so zart. Deine Hardware ist so ... komm, Schatz, tu es! Schreib: „Ich liebe dich!"

SVEN *(seufzt, dann entschlossen)* Okay!

Sven drückt blitzschnell ein paar Tasten, dann lehnt er sich aufatmend zurück.

SVEN So. Von mir aus kannst du jetzt abstürzen, ich hab gesichert. ... Ich lass mich nicht erpressen. Noch nicht mal – erst recht nicht von einer Maschine!

Kurze, beängstigende Stille. Das Display verdunkelt sich bedrohlich ...

STIMME *(kühl)* Gut. Wie du willst ...

Man hört das Geräusch der anlaufenden und lesenden Festplatte. Auf dem Display erscheinen die Softwarefenster des Faxprogramms und des Telefonverzeichnisses. Das Icon für Svens Tagebuch wird aktiviert, das Passwort der Codierung eingetippt und die Datei geöffnet. Sven starrt fassungslos auf die wie von Geisterhand belebte Schreiboberfläche.

STIMME *(eiskalt)* Du hast es nicht anders gewollt: Ich ruf jetzt deine Freundin Brigitte an. Die Telefonnummer hab ich ja. Ich hab ja überhaupt die Nummern von all deinen Tanten! Ich mach keine langen Faxen! Ich jag ihr jetzt per Modem

|||||||||||||||||||||||||||||||||||||||||||||||||||||||||||||||||||||||||||

                  ruckzuck dein Tagebuch rüber ... und
                  die Briefe an Gabi ... und an Babs und
                  Musch ... und ...
SVEN   *(entsetzt)* Oh Gott! ... Nein! ... Nein, das
                  kannst du nicht! Das ...

Sven greift mit beiden Händen um den Laptop herum, fingert fieberhaft an der Rückseite herum und reißt eine Steckverbindung aus der Maschine. Der Laptop stößt einen Wutschrei aus. Die Tür geht auf. Rebecca, in der Hand eine frische dampfende Tasse Kaffee, kommt herein.

REBECCA *(barsch)* Sie solln mal rüber zum Chef,
                     er hat da noch ein paar Fragen wegen
                     der Sache Schrüdiger & Puth.

Sven steht zögernd auf, wirft in der offenen Tür noch einen verzweifelten Blick zurück, die Tür fällt hinter ihm zu. Rebecca geht langsam hinüber an Svens Schreibtisch, bleibt vor der Schreibtischplatte stehen und starrt ein paar Sekunden lang finster und schweigend auf den Laptop hinunter.

REBECCA *(von Herzen)* Du ... ich warne dich!
                     Lass-ihn-in-Ruhe! ... Er liebt mich!
STIMME   *(schnippisch)* Ach? Das wüsst ich
                     aber! ... Komm, verpiss dich, alte
                     Schabracke!
REBECCA *(gaaanz ruhig)* Okay. Er liebt mich nicht.
                     ... Aber du kriegst ihn auch nicht ...
                     duuu Miststück!

Rebecca hebt langsam die Kaffeetasse von der Untertasse, führt sie über den Laptop und gießt den Inhalt, den Strahl genüsslich verteilend, in die Tastatur. Die Frauenstimme schreit kurz und gequält auf. Qualm und Funken, das Display verlöscht. Sausende Stille.

Vorhang.

3. Akt

Rebecca sitzt wieder über ihre Akten gebeugt an ihrem Schreibtisch. Sven kommt aus dem Chefzimmer, setzt sich geistesabwesend an seinen Schreibtisch und will durch Tastendruck das Display aus dem Schlafmodus aktivieren. Das Display bleibt schwarz. Sven drückt, zusehends verzweifelter werdend, alle möglichen Tasten und Knöpfe an Tastatur und Rückseite.

SVEN *(immer panischer werdend)* Fräulein Rößlein... Wissen Sie, warum mein Laptop ... Irgendwas ist da nicht ... Herrgott! ... Haben Sie ... ?!
CHEF *(schreit aus dem Off)* Froll'n Rößlein!?! ... Zum Diktat!

Rebecca steht auf, zieht sich den Rock glatt, ergreift einen Schreibblock und stöckelt provozierend zur Tür. Sie würdigt Sven keines Blickes.

REBECCA *(im Vorbeigehen)* Ich? ... Ich versteh nix von Technik.

Rebecca ergreift die Türklinke und dreht sich noch einmal kurz zu Sven um.

REBECCA *(zuckersüß)* Vielleicht Selbstmord?

Die Tür schließt lautlos. Sven bricht weinend über seinem Laptop zusammen. Er hebt ihn mit Händen hoch, küsst innig das tote Display und drückt den aufgeklappten Laptop mit vor Gram verzerrtem Gesicht an seine Brust.

                              Vorhang.

Digital-Killer

Der Computer hat mal wieder zugeschlagen. Sein Opfer: der letzte große amerikanische Schreibmaschinenhersteller Smith Corona. Für Schriftsteller wie Mark Twain oder William Burroughs war eine Smith Corona das Werkzeug, mit dem sie ihre Fantasien zu Papier bringen konnten. Ernest Hemingway stand selbst nach durchzechten Nächten bei Sonnenaufgang auf, um auf ihr bis Mittag die obligatorischen tausend täglichen Wörter zu tippen. Erst danach gab es einen neuen Drink. Der kleingewachsene Bertolt Brecht hatte seine Schreibmaschine auf ein Stehpult gestellt, sodass er die hohen Tasten nur mit Mühe drücken konnte. Die unbequeme Anordnung helfe ihm, sich jedes Wort zweimal zu überlegen und kein unnützes Zeug zu tippen, argumentierte der Autor.

Vielleicht sollten wir unsere Tastaturen unter die Decke nageln? Die einfache Handhabung der Computertextverarbeitung hat jedenfalls zu einer Inflation der Wörter geführt. Bestsellerromane, die früher in der Regel dreihundert Seiten stark waren, sind heute locker fünfhundert Seiten dick. Solche Schwarten ließ man früher höchstens gestandenen Großschriftstellern durchgehen. Der Computer hat uns zur geschriebenen Geschwätzigkeit verleitet – und das, obwohl die Leser längere Texte vermehrt als Zumutung empfinden.

Die Schreibmaschine ist tot. Für einige Dinge, wie das Ausfüllen von Formularen, das Tippen von Kurzbriefen und das Schreiben von esoterischen Romanen in der stromlosen Bergwelt Nepals, war sie unschlagbar praktisch. Doch auch wenn wir diese feinmechanischen Ungetüme bald nur noch im Museum bestaunen können, hat der Computer doch viel von ihnen geerbt.

Die QWERTZ-Tastenbelegung zum Beispiel, benannt nach der oberen Tastenreihe, stammt von der Schreibmaschine. Sie ist ergonomisch denkbar ungeeignet und treibt durch ihre sinnlose Anordnung Schreiblehrlinge regelmäßig zur Verzweiflung. Das Adler-System (mit einem Finger kreisen, um dann jählings mit spitzem Finger auf die Taste niederzustürzen) ist folgerichtig immer noch die verbreitetste Tippmethode. Ärzte warnen sogar vor gefährlichen Überanstrengungen der Hände bei Vielschreibern, weil die Finger beim Tippen zu einseitig und falsch belastet werden.

Das Keyboard ist definitiv das anachronistischste Teil an der High-Tech-Maschine Computer. Und das Schlimme: Es gibt keinen vernünftigen Grund, warum eine Computertastatur so aussehen muss wie die der Schreibmaschine. Die QWERTZ-Tastenbelegung machte bei der alten Smith Corona und ihren Artgenossen Sinn, weil sich durch die Anordnung der meistbenutzten Buchstaben in möglichst weit auseinander liegenden Regionen die Typenhebel nicht so leicht verklemmten. Sie war die komplizierte Lösung für ein einfaches mechanisches Problem. Wenn wir uns heute, im Zeitalter des Desktop-Publishing, anschicken, das QWERTZ-Relikt aus der Zeit des Typenhebels und der Druckerschwärze ins neue Jahrtausend mitzuschleppen, so geschieht dies aus purer Trägheit. Wieder mal hat ein neues Medium ein altes verdrängt. Ein Grund für Kulturpessimistiker, in nostalgische Depressionen zu fallen? Droht eine Wort-Kultur unterzugehen? Nein, sie verändert sich nur. Wir haben solche Umwälzungen schon häufig erlebt. Homers Nachfahren haben die Odyssee noch auswendig gelernt und in Hexametern vorgetragen. Als man begann, diese Legenden schriftlich zu fixieren, ging eine lebendige Erzählkultur unter. Und als das geschriebene Wort durch den Buchdruck seine Exklusivität verlor, begann die erlesene klösterliche Kunst der Skribenten auszusterben. Schreiben und Lesen wurden zum Allgemeinbildungsgut und führten zu einer Hochkultur der edlen Handschriften und kostbaren Federhalter. Die Schreibmaschine setzte dem ein brachiales Ende. Wer schreibt heute noch mit der Hand? Man krickelt irgendetwas hin oder malt mit seinem Sonntagsfüller einen Geburtstagsbrief an Oma. Aber richtig schreiben – das erledigt man alltäglich am Computer.

Paradoxerweise haben uns die Computer, auch wenn sie als pure Schreib-Maschine unverhältnismässig teuer und aufwendig sind, befreit. Es ist die Freiheit, den Text nach seinem Gusto manipulieren zu können, ohne durch die Unumkehrbarkeit eines physischen Prozesses gebunden zu sein. Plötzlich beginnen die Menschen wieder ungehemmt zu schreiben – ganz so, als ob sie sprechen würden. Im Internet entsteht eine eigene Quasselkultur, die zwar das geschriebene und nicht das gesprochene Wort benutzt, aber ansonsten so lebendig ist wie der Tratsch auf dem Dorfplatz. Und es geistern Legenden durch die Newsgroups der Datennetze, dass Homer seine wahre Freude daran hätte. Mythen entstehen aus wahren oder erfundenen Begebenheiten, werden weitergetragen, verändert und ausgebaut, bis sie schließlich zu den archetypischen Epen werden, die – halb Dichtung, halb Wahrheit – den Zeitgeist mitten ins Herz treffen.

Und selbst die längst untergegangene Kultur des Briefeschreibens erlebt ihre machtvolle Wiederauferstehung unter dem Namen E-Mail. Wann haben Sie zuletzt so viele Briefe geschrieben, wie seit Sie online gegangen sind? Die blühende Briefkultur zur Zeit Goethes verblasst gegen die Unmengen an E-Mails, die heute über die Datennetze gejagt werden. Das alles ist im Jahrhundert der Schreibmaschine nicht möglich gewesen. Nein, wir weinen der betagten Smith Corona keine Träne nach. Und dem Tipp-Ex schon gar nicht!

+++ Nur bei uns +++ Exklusiv +++ Nur bei uns +++ Exklusiv +++ Nur bei uns +++ Exklusiv

Aus den geheimen Tagebüchern eines Computerfreaks

Sonntag   Am PC gesessen

Montag   Am PC gesessen

Dienstag   Am PC gesessen

Mittwoch   Am PC gesessen

Donnerstag Am PC gesessen

Freitag   Am PC gesessen

Samstag   Am PC gesessen
            ... und dabei eine
            halbe Kiste Bier
            getrunken

+++ Nur bei uns +++ Exklusiv +++ Nur bei uns +++ Exklusiv +++ Nur bei uns +++ Exklusiv

Der freie Tag

Morgens. Habe extra einen Tag freigenommen, das Auto muss zum TÜV, ich brauche ein neues Sakko für die Hochzeit in zwei Wochen, will noch ein bisschen was im Garten machen und so weiter. Aber nach dem Frühstück erst mal kurz die E-Mails abfragen. Werbung, Werbung, Werbung und dann eine Mail von Frank mit einem Filmchen als Anhang. Kurz anschauen – hm, Schweinkram, aber witzig. Schicke ich gleich mal an Anke, Carmen, Christel und Jürgen, Claudia, Dieter, Engel, Frank, Friedhelm, Helga, Ingrid, Joe, Hektor, Klaus, Michael, Peter und Simone. Frank hat demnächst auch Geburtstag. Der kriegt 'ne CD, wie üblich. Könnte ich gleich schon mal bei Amazon bestellen. Aber erst mal noch die restlichen E-Mails ansehen. Aha, ein Preisausschreiben einer Schokoladenfirma ... was gibts denn da zu gewinnen? Ein Notebook. Hm, mitmachen kann ja nicht schaden. Och nee, da muss man ein Spiel machen – eine Milchkanne über einen Berg tragen und dabei immer über jedes Edelweiß hüpfen. Kinderkram. Der Highscore liegt bei 1.892.331 Punkten, und das Notebook wird unter den ersten zehn verlost. Na ja, ein Stündchen könnte ich spielen, so ein Notebook ist ja nie weg ...

Mittags. Bin bisher nicht höher als auf den drittletzten Platz gekommen, und die Flossen tun mir schon weh. Kleine Pause, da mache ich nachher mal weiter. So, was liegt noch an?! Ah ja, die CD für Frank. Mal bei Amazon in die Top 100 der Verkaufscharts reinhören. Hm, die klingt nicht schlecht. Und die ist auch ganz okay. Mal rechts auf den Lieblingslisten ein bisschen stöbern, habe da schon tolle, aber völlig unbekannte Tipps gefunden. Puh, was hat der denn für einen Geschmack – so was gehört ja verboten. Aber die da scheint Ahnung zu haben und hat 25 CD-Tipps auf Lager, die ich alle nicht kenne. Überall mal reinhören – kostet ja nix. Wow, Tipp 23 ist so gut, die CD ist schon fast zu schade für Frank. Was kostet die? 17,99 Euro weils 'n Doppelalbum ist. Heftig! Gebraucht für 15,99 Euro, aber da kommen dann ja wieder 3,- Euro dazu, das bringts auch nicht. Vielleicht gibts die auch bei eBay. Ja, da ist sie auch schon – steht bei 11,78 Euro, dazu 1,80 Porto und läuft noch 4 Tage und 23 Stunden. Angeblich hat der Verkäufer nur einmal in die CD reingehört. Klar, einmal kopiert und weg damit. Was hat der denn für Bewertungen??? 99,6 % positiv. Das ist okay. Stelle die CD mal auf Beobachten. Und was bietet der sonst noch an. Vielleicht ist noch was Interessantes dabei, und ich kann Porto sparen. Langweilig. Blöd. Hab ich schon. Total Scheiße. Was, die haben schon wieder 'ne neue Scheibe raus?! Gleich wieder bei Amazon reinhören. Ach, sind nur Remixe der letzten CD, und doll klingt das nicht, pling-plong, nee danke. Hm, ich hüpf noch mal 'n bisschen mit der Milchkanne auf der Alm rum ...

Nachmittags. Platz 578 – na immerhin. Aber meine Hände tun vielleicht weh. Ob ich 'ne Sehnenscheidenentzündung kriege?! Würde mir gerade gar nicht gut passen. Ich gebe mal bei Google „Sehnenscheidenentzündung" und „Symptome" ein. Boah, jede Menge Seiten. Hm, nö, die Symptome hab ich alle nicht. Könnte eigentlich mal kurz bei Web.de unter Cartoon des Tages gucken. Witzig. Brüller. Lahm. Und noch ein witziger. Guck mir mal die Homepage von dem

Zeichner an. Yo, super Layout. So in der Art stelle ich mir meine Homepage auch vor, wenn ich mir mal eine zusammenbastle – aber was soll ich da draufstellen?! Vielleicht erst mal nur das Foto von meiner Einschulung und dann mal weitersehen, da lässt sich ja drauf aufbauen. Frank hilft mir bestimmt bei der Homepage. Aber wohl kaum, wenn ich zu seiner Geburtstagsparty ohne Geschenk auflaufe. Sollte ich das mit der CD besser lassen und ihm ein Buch schenken? Was ist denn so in den Buchcharts los?! Kenn ich alles nicht. Erst mal die Kritiken lesen. Ja, auch da sind ein paar nette Sachen dabei wie's scheint. Vielleicht gibts da auch das eine oder andere günstiger bei eBay. Aber erst mal wieder auf die Alm ... Jodel!

Abends. Platz 460 – Hammer, so schwer hab ich mir das echt nicht vorgestellt mit dieser ollen Milchkanne da auf der Kack-Alm über so ein Mist-Edelweiß zu springen. Hm, hab noch gar nicht mitgekriegt, was heute so los war in der Welt. Irgendwer tot?! Irgendwelche Katastrophen?! Was sagt Spiegel.de?! Puh, bis man das alles gelesen hat ... Und jetzt wieder zu Frank. Was wollte ich ihm noch schenken?! CD oder Buch ... Was gibts denn alles unter „Total Verrücktes"?! Frank schenkt mir doch auch immer den letzten Scheiß. Hm, ein Nachttopf. Auf Wunsch gefüllt. Haut mich jetzt auch nicht so um. Ein Quietscheentchen mit Teufelshörnern. Gähn. Apropos „Gähn" – was sagt die Uhr? Schon nach elf. Jetzt wirds aber Zeit. Nein, nicht fürs Bett – für die Alm. Aber höchstens noch eine Stunde, maximal zwei und drei nur dann, wenns echt gut läuft ... War da nicht noch was mit Auto zum TÜV und Sakko kaufen und pipapo??? Ach, scheiß reale Welt, ich hab hier Dringenderes zu erledigen ... Jodel !

Fehlermeldungen Teil 3

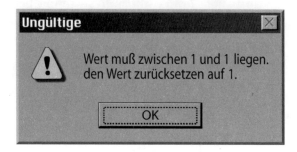

Um es vorwegzunehmen: Hier macht sich jemand lustig. Aber der Reihe nach. Zunächst: Wer macht sich hier über jemanden lustig? Das ist einfach: Er!

Dann: Über wen macht er sich lustig? Schon schwerer, aber auch offensichtlich. Es ist die Ungültige!

Eine Annahme voraussetzend, dass in 99,9% aller Fälle Einzelanwender und keine User-Gruppen vor einem PC sitzen und Befehle eingeben, muss es sich hierbei um eine „Sie" handeln. Er scheint nicht viel von ihr zu halten und zweifelt sogar ihre Zugangsberechtigung an. Weiter: Er ist ironisch. „Wert muss zwischen 1 und 1 liegen" ist gemäß Mathematik-GK 5. Klasse gleichzusetzen mit „Wert muss 1 sein". In keinem Bereich der Zahlen existiert ein Wert, der > 1 und gleichzeitig < 1 ist, da dies der Linearität der Zahlen widerspricht ... aber offenbar nicht der weiblichen Logik!

Hier scheint die Ungültige sich ein wie auch immer geartetes, sehr dünnes Etwas vorstellen zu können, das gerade so mit Ach und Krach zwischen 1 und 1 passt.

Zu guter Letzt: Nach dieser feinsinnigen Spitze fordert er die Userin unmissverständlich auf, den Wert auf 1 zurückzusetzen. Und das fast schon überheblich. Er hätte ja auch sagen können: „Mädchen, drück auf die Taste mit der 1, aber vorher klickste auf OK!"

P.S. Fragen Sie bitte nicht, welchen Wert die Ungültige tatsächlich eingegeben hat. Das tendiert nämlich gegen Unendlich.

Fragen Sie Frau Webmeister

Auf allen möglichen Web-Seiten ist jetzt Werbung. Dadurch dauert es aber immer ganz lange, bis sich eine Seite aufbaut.

Marc W. aus Siemensstadt

Frau Webmeister: Na, nun wissen Sie doch wenigstens, warum so etwas Schleichwerbung heißt.

Liebe Frau Webmeister, alle meine Freunde haben eine Exfreundin, über die sie auf ihrer Homepage herziehen können. Ich habe eine Freundin.

Rainer G. aus Herzensruh

Frau Webmeister: Kopf hoch. Wenn Sie sich nur jeden Abend ganz ausführlich mit Ihrer Homepage beschäftigen, haben Sie auch bald eine Exfreundin.

Zwei gute Gründe, sich mehr zu bewegen

Der beste Freund des Menschen war lange Zeit der Hund. Heute ist es der Computer. Er hilft uns in allen Lebenslagen, ist unser ständiger Begleiter und kann zudem noch rechnen, schreiben und lesen. Welcher Vierbeiner kann damit schon konkurrieren? Zugegeben, jeder von uns kennt mindestens einen Hundebesitzer, der behauptet, dass sein Tier Ähnliches zu tun vermag – nur gerade dann nicht, wenn jemand zuguckt. Doch wie sieht es mit automatischem Zeilenumbruch, Telebanking, Online-Pornografie und dem Filetieren zähnefletschender Mutanten in dunklen Endzeitlabyrinthen aus? Kann ein herkömmlicher Mischlingsrüde da mithalten? Nein, spätestens jetzt werden auch die medienerfahrensten Bellos die Waffen strecken, respektive die Ohren anlegen und den Schwanz einziehen.

Ja, Computer nehmen uns vieles ab. Und ihre Besitzer eher zu. Der Grund: eklatanter Bewegungsmangel. Viele Netsurfer sind so unsportlich, dass ihnen die Beckerrolle nur als kleine Biskuitspezialität bekannt ist und der Mauszeiger oft mehr von der Welt gesehen hat als das Auge, das ihm trägen Blickes folgt. Was bleibt, ist die schmerzliche Erkenntnis, dass man online zwar ins Weiße Haus, aber kaum noch vor die Tür kommt. Und dabei ist frische Luft doch so gesund. Wer nun aber den ganzen Tag am, vor und – bei größeren Problemen – im Computer verbracht hat, wird abends kaum mehr den Elan aufbringen, sich für

Extremsportarten wie Freeclimbing, Housewalking und Gewaltmarching zu begeistern. Wäre es da nicht schön, Computerhobby oder -beruf und Leibesertüchtigung miteinander zu verbinden? Genau das habe ich getan. Ich ging in den Laden und habe mir für meine Soundkarte Aktivboxen besorgt. Und diese kleinen possierlichen Racker halten mich seither ganz schön auf Trab. Dreimal täglich, immer wenn sie winselnd an der Tür kratzen, heißt es rauf aufs Fahrrad und raus ins Grüne. Fröhlich traben die Lautsprecher neben mir her und sind wie aufgedreht. Weit über die Zimmerlautstärke hinaus. Wir toben und tollen herum und streifen dann so lange durch die Felder, bis sie keinen Ton mehr von sich geben.

Immer öfter machen wir uns auch auf, um andere Audio- und Hi-Fi-Freunde zu treffen. Denn auf dem großen Übungsplatz sind die Boxen natürlich viel leichter leinenführig, geflügelfromm und schussfest zu bekommen. Immer steht einem jemand bei kniffeligen Ausbildungsfragen mit Rat und Tat zur Seite. Der Begleithundschein ist damit auch für mein Lautsprecherpaar in greifbare Nähe gerückt.

Selbstorganisation macht nur Sinn, wenn man den Vergleich mit anderen Vereinen nicht scheut. Deshalb nimmt unsere Reinzucht an nationalen wie internationalen Boxenausstellungen teil und hat bereits einige bemerkenswerte Zuchterfolge mit schön ausgebildetem Volume, einem mächtigen Treble oder einem glasklaren Dolby-Surround-System vorzuweisen.

Obwohl ich von den Aktivboxen nur in höchsten Tönen sprechen kann, dürfen ein paar ernste Worte nicht fehlen: Jedermanns Sache sind sie natürlich nicht. Sie brauchen wesentlich mehr Auslauf als die

meistenteils im Garten vergrabenen lebenden Passivboxen. Wer also nicht bereit ist, sich mindestens eine Stunde täglich um seine Geräte zu kümmern, sollte von vornherein vom Kauf Abstand nehmen.

Auch die Ernährungsfrage erfordert viel Zeit und Mühe. Eine Box verlangt danach, regelmäßig und ausgewogen gefüttert zu werden. Wird zu einseitig ernährt oder überfüttert, gerät ihr Stoffwechsel aus dem Gleichgewicht, und sie beginnt, große Töne auf den Teppich zu spucken. Die Folge: hässliche, oft bleibende Flecken.

Der wichtigste Punkt aber, der vorab zu klären ist, ist die Unterbringung. Halten Sie niemals, ich wiederhole, niemals, Aktivboxen in engen Stadtwohnungen. Ihre Lautsprecher vereinsamen, werden launisch, mürrisch und depressiv, ja verkommen zu rechten Tieftönern und fallen spielende Nachbarskinder an. Die Zeitungen sind voll von diesen Unglücksfällen, wenngleich viele davon auf das Fehlverhalten der Kinder zurückzuführen sind, die die Boxen ärgern oder unvermittelt voll aufdrehen. Denken Sie immer daran: Sie als Computerbesitzer tragen die Verantwortung und sind haftbar. Beugen Sie also vor, indem Sie Ihren Aktivboxen genügend Auslauf mit Artgenossen, anderen Stereoboxen oder Walkmen geben. Besser noch, Sie schaffen sich für Ihren Computer ein Audiosystem an, das zu Ihrer Wohnung passt. Faustregel: Je größer die Stadt und je höher die Etage, um so kleiner die Ausgangsleistung. Denn merke: Auch die Nachbarn wollen nicht leben wie ein Hund. Sozusagen.

Tod einer Festplatte – ein Nachruf

Sie verschied plötzlich und unerwartet. Gestern schnurrte sie noch fröhlich vor sich hin, und dann, aus heiterem Himmel, gab sie ihren Geist auf. Meine Festplatte – sie ruhe in Frieden. Nun, sie hat nicht lange leiden müssen. Nur ein paar Symptome, und ehe man noch mit irgendetwas Ernsthaftem rechnen konnte, gab sie schon ihren Geist auf. Wer konnte das auch ahnen? Es hatte damit begonnen, dass sich einige Dokumente nicht öffnen ließen. Na gut, das kann ja mal vorkommen. Das ist nichts, was man nicht mit einer neu angelegten Schreibtischdatei wieder beheben kann. Doch es half nichts. Das arme Biest fror sogar beim Hochfahren ein! Wie gut, dass der Norton-Disk-Doktor auch Hausbesuche macht. Diensteifrig checkte er jede Datei meiner Festplatte nach etwaigen Macken ab, untersuchte jeden Block der Partitionen und prüfte die Datensatzzuweisungstabelle auf Herz und Nieren. Die Diagnose war so nichtssagend, dass sie eigentlich meinen Verdacht hätte hervorrufen müssen. Ärzte sagen einem ja nie, wenn es bald zu Ende ist. Lieber wiegen sie einen in trügerischer Sicherheit, weil sie glauben, man könne dann den kümmerlichen Rest seines Lebens besser genießen. Ein paar Wehwehchen, hat der Diskdoktor mir eingestanden. Nichts Ernstes. Machen Sie sich bloß keine Sorgen.

Als ich am nächsten Tag meinen Computer anschaltete, war er nur noch dazu imstande, ständig seine Schreibtischdatei neu anzulegen. Verzweifelt kämpfte er um sein Leben. Klammerte sich an jede Datei, die er noch erkennen konnte. Versuchte, wieder Boden unter seinen Datenwust zu bekommen. Doch nichts half.

Grußlos verschwand das Symbol der Festplatte von meinem Bildschirm und tauchte ein ins große Daten-Nirwana. All die hektische Notfallmedizin, die daraufhin einsetzte, war vergebens. Meine verzweifelten Versuche, ein System aufzuspielen und meinem Computer dadurch wieder Leben einzuhauchen, waren ein hoffnungsloses Unterfangen. Nun schlug die Stunde der Spezialisten. Mit herzloser Geste drängten sie mich von meinem Schreibtischstuhl. Angehörige haben im OP nichts zu suchen. Eifrig begannen sie mit ihren Instrumenten zu werkeln. Mit wichtiger Miene schoben sie Installationsdisketten ein und schlossen externe Laufwerke an meinen leblosen Computer an, bis der arme Kerl so verkabelt war, als läge er auf der Intensivstation. Als alles nichts half und selbst die sagenumwobenen Geheimwaffen urzeitlicher Softwaregiganten versagten, trat ein Augenblick der Stille ein.

„Wir müssen ihn öffnen", sagte einer in die schweigende Runde der ratlosen Spezialisten. Die anderen nickten mit ernster Miene und wischten sich den Schweiß von der Stirn.

Eine Operation am offenen Computer. Das nimmt keiner auf die leichte Schulter. „Schraubenzieher", hallte es durch den Raum. Tupfer wurden nicht gebraucht. Tote Computer bluten nicht. Für Laien ist es immer wieder schockierend zu sehen, wie leicht ein Computer zu öffnen ist. Plötzlich ist er nur noch ein Haufen grünlicher Platinen, schwarzer Chips und loser Kabel. Ein Computer ohne Gehäuse ist gar kein Computer mehr, sondern nur noch eine Computerbaustelle, die man ebenso gut ausschlachten könnte.

Das überlebt er nicht, war mein erster Gedanke, als ich ihn so nackt und bloß daliegen sah. Meine finstere Ahnung trog mich nicht. Die Festplatte kam nie wieder zu Bewusstsein. Achselzuckend gestanden die Technikfreaks ein, an die Grenzen des Menschenmöglichen gestoßen zu sein. Lieblos wurde mein Computer wieder zusammengesetzt. Und das, was als Trost gemeint war, traf mich wie ein Donnerschlag: „Tja, da hilft nur eines – neu formatieren." Was das bedeutet, weiß jeder. Totaler Datenverlust. Alles weg! Jede Datei. Meine ganzen Adressen, die mühsam eingerichteten Programme, Abrechnungen,

„Und räumt bitte mal eure Dateien auf, Kinder!"

Artikel, Pläne ... Mein Hauptarbeitszeug hatte sich aus heiterem Himmel in Luft aufgelöst.

„Warum hast du Trottel keine Datensicherung gemacht?!", habe nicht nur ich mich selbst gefragt. Ja – hinterher ist man immer schlauer. Nicht, dass ich nicht ab und zu daran gedacht hätte. Klar, die Angst und das schlechte Gewissen plagen einen schon mal in einer schwachen Stunde. Doch wenn dann wieder alles rundläuft, geht das Geschäft vor, und für Datensicherung ist keine Zeit. Warum auch? Klappt doch alles! Wenn es darum ging, anderen Computerbenutzern gute Ratschläge zu erteilen, dann stand die Datensicherung natürlich immer ganz oben auf der Prioritätenliste. Es ist keine Woche her, da habe ich einer Bekannten ein aufwendiges Back-up-System mit den Worten installiert: „Das mag dir jetzt ein wenig umständlich vorkommen. Aber verglichen mit dem Schaden, den dein Betrieb nehmen würde, wenn die Daten verloren gingen, sind das echte Peanuts." Ich Schlaumeier!

Ja, inzwischen läuft mein Computer wieder. Die Festplatte ist neu formatiert und trägt einen anderen Namen. Aber nichts ist mehr, wie es war. Ich trauere um Calvin und Hobbes, die Partitionen, die nach den anarchischen Comicfiguren benannt waren. Ihre Daten sind für immer verloren. Von Kondolenzbriefen bitte ich Abstand zu nehmen. Aber vielleicht spendet mir ja jemand ein Back-up-Medium.

Aufklärung tut Not:
Da bist du platt!

Man hat lange gemunkelt, dass sie bald kommen würde – nun ist sie da: die Gigatera-Festplatte.
Das ist ein Byte mit 21 Nullen! Auf ihr kann man eine Million Quadrillionen Computerspiele installieren, und zusätzlich bleibt genügend Platz

für eine temporäre Datei, die niemals gelöscht werden muss.

Der Einbau ist natürlich etwas umständlicher als bei herkömmlichen Platten, aber mit einem Kran und ein paar Mann ist es in wenigen Stunden geschafft. Bis die Gehäusehersteller reagiert haben, sollte man aber auf jeden Fall für ein Regendach sorgen. Dann wird auch der Plattencontroller nicht nass. Den vermietet die Herstellerfirma im Leasingverfahren. Es soll sich dabei garantiert um einen graduierten Ingenieur handeln, weil nämlich ein kleiner Chip solch eine große Festplatte gar nicht mehr in den Griff kriegt.

Wie die ersten Fotos zeigen, bietet der Hersteller übrigens noch einen anderen schönen Service: Windows ist ab Werk bereits auf der Platte implementiert.

Computeridioten

Computeridioten habens schwer. Im Augenblick stehen sie zwar als Netsurfer, Trendsetter, Cybernauten und Eroberer digitaler Welten ganz oben auf der In-Liste, aber es ist abzusehen, dass sie schon bald wieder dort landen werden, wo sie hergekommen sind: auf der Out-Liste. Dort standen sie zu Beginn der Achtzigerjahre schon einmal, als es schick war, die Volkszählung abzulehnen und beim Thema Computer den Großen Bruder zu beschwören

Jeder, der mit Computern zu tun hatte, fürchtete damals die Partyfrage: „Was machen Sie denn so beruflich?", und wusste schon: Ob er nun wahrheitsgemäß „Ich mache mit Computern rum" vor sich hin murmelte oder sagte, „Ich schlachte täglich einen Hund" – es kam aufs Gleiche raus. Er war eine peinliche Figur, kontaktscheu, gestört, vereinsamt, picklig und immer ein wenig bleich, ein Computeridiot eben.

Die Lage änderte sich, als die Intellektuellen das Internet entdeckten und Hamburger und Münchener Nachrichtenmagazine, Wochenzeitungen und sogar Frauenzeitschriften zum Anschluss bliesen. Seitdem wollen alle ins Internet.

Der Computeridiot, der schon seit Jahren im Netz „surfte", es aber nie so zu nennen wagte, steht plötzlich als Trendsetter da. Auf Partys wird er nun als Techie und guter Freund vorgestellt, der „schon eine Mail-Adresse auf seiner Visitenkarte hatte, als sie noch kein Statussymbol war und man sie bestenfalls für eine Handy-Nummer hielt". Der zum Avantgardisten mutierte Techie mag ein Idiot sein, dumm ist er trotzdem nicht, denn er sieht schon, was nun kommen wird: Ein paar Jahre werden die Intellektuellen den Cyberspace noch als das größte Ereignis der jüngeren Weltgeschichte feiern, weltumstürzende Veränderungen auf uns zukommen sehen, kühne Verbindungen von Platons Ideenlehre zu den Weiten des virtuellen Online-Alls ziehen, abermals die Neuzeit samt Atomzeitalter und Postmoderne verabschieden und die total digitale postindustrielle Freizeit-, Cyber- und Informationsgesellschaft einläuten.

Aber irgendwann wird einer merken: Von der virtuellen Pizza wird man nicht satt, und die reale, übers Internet bestellte Pizza kommt genauso lauwarm und pappig ins Haus wie die telefonisch bestellte. Der von Online-Euphemisten so genannte Besuch im virtuellen Museum oder auf dem virtuellen Oktoberfest erschöpft sich im Blättern von Bildschirmseiten, kostet Telefongebühren und befriedigt Ansprüche auf eine grafisch hochwertige Wiedergabe von Kunstwerken nicht halb so gut wie ein Bildband oder Ausstellungskatalog. Und die Faszination der Oktoberfest-Melange aus Hendln, Bier und Riesenrad wird sich einem Netsurfer in Timbuktu via Internet auch nicht richtig erschließen.

Wer je übers Internet herauszubekommen versucht hat, warum der Gründonnerstag Gründonnerstag heißt oder wie hoch der Kurs des Euro gegenwärtig steht, wird die Informationsgesellschaft und Bill Gates' Gerede von der „information at your fingertips" in anderem Licht betrachten. Und auf Dauer kann den Netsurfern dieser Welt auch kaum verborgen bleiben, dass sie nach stundenlangem Surfen weder Wellen

noch Wind, noch Wasser und schon gar nicht den Geschmack von Freiheit und Abenteuer erlebt, sondern nur 1001mal mit der Maus geklickt haben.

Trendakteure, die ihre verspätete Internet-Entdeckung nun zur neuen Lebensform mit Kultstatus aufblasen, sagen sogar ungewollt die Wahrheit. Es ist tatsächlich alles nur virtuell, was die Netze so zu bieten haben – so virtuell wie die neuen Kleider des nackten Kaisers. Wer morgens seine Maus sattelt, um ins Internet zu reiten, hockt vor einer in der Regel maximal 17 Zoll in der Diagonale messenden Glotze und verlässt diese am Abend mit Kreuzweh, tränenden Augen und steifen Gliedern. Wirklich erlebt hat er eigentlich nichts, es sei denn, er betrachtet die Homepage der Deutschen Bank als Erlebnis.

Der Erste, der eines nicht allzu fernen Tages dahinterkommt, wird einen Bestseller schreiben, worin er das Internet entmystifiziert und die zur Cybernautik bekehrte Menschheit mit der provozierenden These überrascht, dass Internet wie Fernsehen sei, nur schlechter, weil interaktiv. „Ihr geht online und ich in den Biergarten", wird der schockierende Titel dieses Megasellers lauten. Die Trendakteure werden sich vor Lachen auf die Schenkel klopfen ob der Netsurfer, die sich auf ihren Briefkästen die Zustellung von Postwurfsendungen und Reklame verbitten, die gleichen auf Hochglanz polierten Werbeprospekte im Internet aber so andächtig bestaunen, als enthielten sie geheime Offenbarungen. Das ist dann der Tag, an dem die Keule der Verachtung wieder auf den Computeridioten herniedersausen wird – es sei denn, dieser finde Gefallen an seiner Rolle als Trendsetter und träfe seine Vorkehrungen. So könnte er zum Beispiel schon mal mit dem Homebanking aufhören und wieder in die Filiale seiner Bank gehen. Dort erfreut man sich zunehmend einer sehr zuvorkommenden Behandlung. Die Freundlichkeit hinterm Bankschalter entspringt zwar nur der Angst vorm Verlust des Arbeitsplatzes, aber egal: Homebanking ist sowieso kaum bequemer, nur selten billiger, dafür oft unzuverlässiger als das alte Verfahren.

„Aber die elektronische Post!", rufen die Online-Propagandisten. „Ist es nicht wahnsinnig anachronistisch, einen Brief mit dem Computer zu schreiben, ihn dann zu drucken, einzutüten, zu frankieren, zur Post zu tragen, ihn über weite Distanzen befördern und schließlich von teurer menschlicher Arbeitskraft überbringen zu lassen?" Ja, das ist anachronistisch. Und die Botschaft an den Adressaten lautet: Du bist mir diese Mühe wert.

Bleibt das Internet. Braucht man es wirklich? Dass die „Zeit"-Redakteure es toll finden, leuchtet unmittelbar ein. Endlich können die ihre langen, aber ursprünglich noch viel längeren Schöpfungen mitsamt Anmerkungen ungekürzt und durch zahlreiche Hyperlinks erweitert, wenigstens ins Internet stellen und ihrem Anliegen wenigstens hier den Raum geben, den es braucht.

Aber unser Trendsetter? Soll er sich, nur um in fünf Jahren wieder en vogue zu sein, wirklich der zahlreichen Möglichkeiten des Computernetzes – Unterhaltung, Kommunikation und vor allem Fakten, Fakten, Fakten – berauben?

Er kann es getrost tun. Der Unterhaltungswert des Netzes liegt noch immer weit unter Karl Moiks Musikantenstadl. Nutzen tut es einem weniger als Heynes Ratgeber-Bibliothek. Und das Plappern per Tastatur – auf neudeutsch „Chat" genannt und inhaltlich nichts weiter als CB-Funk unter erschwerten Bedingungen – ist auf Dauer auch ein wenig ermüdend.

Also offline gehen, abschalten! Mit dem ersparten Geld (es kostet ja nicht nur Monats-, Telefon- und Zusatzgebühren, man braucht auch dauernd das noch schnellere Modem, die bessere ISDN-Karte, den neuesten Browser, demnächst die Set-Top-Box und wer weiß, was noch alles) und der ersparten Zeit lässt es sich kommod irgendwo auf dem südlichen Atlantik auf realen Wellen ganz real surfen.

Und dann, am Ende diese Jahrtausends, wenn sich unter den heutigen Verkündern des neuen Äons herumgesprochen haben wird, dass der neue Planet nur ein weiteres Medium ist, das hauptsächlich als Vertriebskanal und zur Verbreitung von Werbung dient, sollte, wer als Trendsetter gut dastehen will, auf die erwähnte Partyfrage antworten: „Ich bin Aktionskünstler. Ich zertrümmere Computer aller Art mit dem Vorschlaghammer."

„Auf die moderne Tastatur sind wir besonders stolz."

Erforscht und erfunden

Ein einfaches und bedienerfreundliches Textverarbeitungssystem wird von der Firma Faber-Plastell Communication Systems hergestellt und ist derzeit für wenig mehr als 25 Cent im Handel erhältlich.

Dabei musste zwar auf viel überflüssigen Luxus verzichtet werden, dennoch hat es sich als eine vollwertige Textverarbeitung erwiesen. Anstelle der sonst üblichen Tastatur bietet Faber-Plastell einen etwa 20 Zentimeter langen Stab an, der voll beweglich ist und wie ein Lichtgriffel eingesetzt werden kann. Eingaben werden durch leichten Druck mit der kleinen, grauen Spitze übertragen. Die eingegebenen Zeichen erscheinen umgehend auf einem weißen Flachbildschirm, der – ein Wunder der Technik – nicht einmal einen Millimeter dick ist und A4-Format hat. Leider muss er bislang nach einmaliger Benutzung ausgetauscht werden. Faber-Plastell bereitet aber schon ein Bildschirmlöschgerät vor, das ebenfalls frei beweglich und von gummiartiger Konsistenz sein soll. Mit dem neuartigen Textsystem lassen sich Briefe und Schreiben aller Art erstellen. Und mehr erwartet man von einem Textverarbeitungssystem ja eigentlich sowieso nicht.

Die ganze **Vielseitigkeit moderner Technik** ist immer noch nicht völlig erforscht. Warum zum Beispiel haben Fernseher häufig eingebaute Antennen, Toaster aber kein SECAM? Warum haben manche Kassettenradios ein drum herumgebautes Aute, andere nur Dolby? Und warum begrüßt uns der PC nach dem Einschalten mit einer Startmeldung und wünscht frohes Arbeiten, stürzt aber gleich ab, wenn man die erste Taste drückt?

Immer mehr Wissenschaftler widmen sich solchen Fragen, und da bleiben natürlich erste Erfolge nicht aus. So haben jetzt mehrere Forscher unabhängig voneinander experimentell nachgewiesen, dass alle modernen Geräte identische Funktionen haben. Kern jedes Gerätes ist die so genannte Versagereinheit, die dann um technischen Schnickschnack wie Videoabspielknöpfe, Speech-Synthesizer, Warmwasserheizstäbe oder eine Telefonklingel erweitert wird. Montiert man all das wieder ab, versagen die Geräte nur noch.

Weitere Nachforschungen ergaben, dass die Geräte oft nicht halten, was der Name verspricht. So lassen sich, um ein Beispiel zu nennen, Fernbedienungen gar nicht aus der Ferne bedienen. Wenn sich eine Fernbedienung nicht an dem Ort befindet, an dem der Bediener sie bedient, versagt die ganze Technik schlichtweg. Der Fall wurde an die nächste Verbraucherzentrale weitergegeben.

Teure Akkus und Batterien werden mit der kleinen Erfindung eines süddbayerischen Erfinders überflüssig. Er hat das erste wiederaufladbare Stromkabel entwickelt. Es kommt einfach in die Steckdose, und schon läuft zum Beispiel ein daran angeschlossener Computer während der gesamten Ladezeit.

Der erste Computer mit eingebauter Lese-Rechtschweibräche wurde gestern vor der Frechpasse vorgestellt. Experten bezeichneten ihn als hervorragenden Breitag zur Humanisierung der Arbelts-weit.

Fehlermeldungen Teil 4

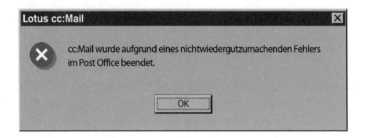

Das Post Office in dem gottverlassenen Nest Lotus: eine windschiefe Hütte inmitten der Kommunikationswüste.

Post-Office-Vorsteher CC und sein Kollege, Hilfspostler BCC, blind wie ein mexikanischer Grottenolm, saßen wie jeden Tag auf der Veranda ihrer Poststation zwischen Osten und Westen und harrten der Postkutsche, die da kommen und wie jeden Tag an ihnen vorbeigaloppieren würde.

Auch dieses Mal galoppierte sie an ihnen vorbei und wirbelte eine Menge Staub auf. Als sich aber der Staub verzogen hatte und die Sonne wieder die Gehirne von CC und BCC grillte, entdeckte CC etwas auf der Straße. PLING!

„Ein Brief, BCC! Und da hängt was dran!"

CC hatte schon vieles gesehen in seiner Postlerlaufbahn, aber ein Brief mit Anhang war ihm neu.

BCC hatte in seinem Leben noch gar nichts gesehen. „An wen ist der Brief?", wollte er wissen.

„‚An Dich' steht da!"

„Echt? An mich? An BCC?"

„Nein, ‚An Dich'."

„Ach so, an dich, und von wem?"

„Von ‚einer guten Freundin'."

„Willst du mich verscheißern, du hast doch gar keine Freundin!"

„Vielleicht hatte ich ja mal eine. Ich war mal ein steiler Zahn. Lange her!"

„..."

„Da hängt was dran an dem Brief ..."

„Ein Geschenk? Los, sag schon, CC!"

Als CC sich den Anhang näher anschaute, las er ein Versprechen: „Da steht drauf: ‚ICH BIN TOTAL VERRÜCKT NACH DIR !!! Ich gehöre dir! WENN DU MICH WILLST!' ... Ich will! Und wie ich will, Baby!"

„Ich auch! Ich auch! ... Obwohl ... ich weiß nicht, Boss. Ich kann zwar nicht sehen, aber ich rieche, dass hier was faul ist. Lieber nicht öffnen!"

„Ach komm, was soll schon passieren?"

„Ich weiß nicht. Wer sollte uns eine Freude machen wollen?"

„Wenn wirs nicht öffnen, erfahren wir es nie!"

„Okay, auf deine Verantwortung."

„Nix da. Wir sitzen seit Jahren gemeinsam hier rum. Wir reißen das jetzt zusammen auf."

Sicherheitshalber gingen sie in ihr Post Office. Dann öffneten sie den Umschlag.

RRRRRATSCH!!!!

In dem Umschlag war nichts drin.

Für einen Moment „schauten" sich die beiden ratlos an. Es herrschte Totenstille.

Dann vernahmen sie aus der Ferne ein Donnern wie von einer Büffelherde.

„Was ist das, Boss?"

CC drehte sich um und traute seinen Augen nicht. Durch das Fenster sah er am Horizont eine Staubwolke, die die Sonne verdunkelte. CC und BCC traten vor ihre kleine Hütte und staunten nicht schlecht. Hunderte von Postkutschen kamen auf sie zu. Als sie sie erreicht hatten, kippte jede von ihnen säckeweise Briefe auf CC und BCC, bis beide unter einem Berg Post begraben waren, der höher reichte als ihr Office.

Dann verschwanden die Kutschen wieder, so schnell, wie sie gekommen waren.

Mit letzter Kraft kämpften sich CC und BCC aus der Lawine von Briefen, auf denen Dinge standen wie „-.Unlimited Pay^ ‚TV at home", „Virenwarnung!!", „Schau mal rein", „Re:Valium :No Consultation Fee", „Natürliche, sichere PenisVergrößerung ist möglich!" oder „Loyal Sir! From Nigeria I send you this urgent".

„Oh Mann, Boss, das ist 'ne Menge Post. Das riecht nach Arbeit", sagte BCC, der das wahre Ausmaß der Katastrophe nicht blickte.

„Weißt du was, BCC, alter Junge?"

„Hm?"

„Wir machen uns aus dem Staub."

Als am nächsten Tag doppelt so viele Kutschen vor dem kleinen Post Office hielten, da fanden sie es verlassen vor. An der Tür aber hing eine Nachricht von CC: „Mail wurde aufgrund eines nicht wieder gutzumachenden Fehlers im Post Office beendet."

Wir informieren:
Brandneu von der CeBIT

Der kleinste Laptop der Welt – extrem handlich, mit voll verspiegeltem Display und kuschelweicher Infrarotmaus.

Autoren und Zeichner

Reinhard Alff, 1951 geboren, lebt in Dortmund. Seit 1985 ist er selbstständiger Karikaturist und Zeichner.

Harm Bengen, geboren 1955 in Arle. Seit 1986 freischwebender Künstler. Regelmäßige Veröffentlichungen u.a. in EULENSPIEGEL, OXMOX, BREMER, RAN. Sporadisch in STERN, SZ u.a.

Hans Borghorst, 1961 in Haren/Ems geboren, arbeitete als Zeitungsausträger, in einer Coca-Cola-Fabrik, als Pizza-Bote, als Kabelträger beim Fernsehen, als Grafiker, als DJ usw. Lebt als freier Autor in Meppen.

Glenn M. Bülow, geboren 1969, lebt als freier Autor und Zeichner in Düsseldorf.

Peter Butschkow, geboren 1944 in Cottbus, studierte Grafik in Berlin, arbeitete dort in den Siebzigerjahren als Grafiker und Zeichner. Heute lebt er als freischaffender Cartoonist und Hausmann in Nordfriesland.

Kai Felmy, geboren 1963 in Frankfurt am Main. Seit 1995 freischaffender Cartoonist. Bekannt vor allem durch seine Veröffentlichungen in der *Frankfurter Allgemeinen Zeitung, Hörzu, Eltern for family, Mein schöner Garten, Kicker und Freundin.*

Dr. Manfred Hofmann, geboren 1950, lebt als Autor und Apotheker in Berlin.

Ulrich Horb, geboren 1955, arbeitet als Journalist in Berlin.

Richard Kähler, geboren 1951, lebt als freier Autor in Hamburg. Arbeiten für diverse Zeitungen, Zeitschriften und fürs Fernsehen. Mehrere Buchveröffentlichungen.

Sören Kruse, geboren 1962, lebt und arbeitet als freier Journalist in Hamburg.

Christian Matzerath lebt mit Frau und Kindern in Düsseldorf und schreibt Filme, Cartoons, TV-Serien, Quizshows, Bücher.

Til Mette, geboren 1956 in Bielefeld. Tätig als freischaffender Maler und Cartoonist. Lebt in New York.

Christian Nürnberger lebt und arbeitet als freier Journalist in München.

Ari Plikat, geboren 1958 in Lüdenscheid. Studium Grafik-Design in Dortmund und Leeds. Veröffentlichungen als Illustrator und Cartoonist in Zeitungen, Zeitschriften und Büchern.

Erich Rauschenbach, geboren 1944 in Lichtenstein/Sachsen. Lebt seit 1953 in Berlin. Studium an der Hochschule der Künste.

IN DIESER REIHE ERSCHIENEN:

Alle lieben Ärzte
3-89082-743-8

Alle lieben Architekten
3-89082-934-1

Alle lieben Autofahren
3-89082-990-2

Alle lieben Beamte
3-89082-801-9

Alle lieben Chefs
3-89082-938-4

Alle lieben Computer
3-8303-4151-2

Alle lieben Frauen
3-89082-748-9

Alle lieben Fußball
3-89082-767-5

Alle lieben Geburtstage
3-8303-4063-X

Alle lieben Golf
3-89082-991-0

Alle lieben Großmütter
3-8303-4064-8

Alle lieben Großväter
3-8303-4065-6

Alle lieben Handwerker
3-8303-4053-2

Alle lieben Heimwerker
3-89082-935-X

Alles Liebe zur Hochzeit
3-89082-782-9

Alle lieben Hunde
3-89082-834-5

Alle lieben Juristen
3-89082-833-7

Alle lieben Katzen
3-89082-802-7

Alle lieben Kinder
3-89082-853-1

Alle lieben Lehrer
3-89082-746-2

Alle lieben Männer
3-89082-747-0

Alle lieben Midlife-Crisis
3-8303-4082-6

Alle lieben Motorradfahren
3-89082-803-5

Alle lieben Mütter
3-8303-4054-0

Alle lieben Nachbarn
3-8303-4010-9

Alle lieben Polizisten
3-89082-939-2

Alle lieben Radfahren
3-89082-823-X

Alle lieben Ruhestand
3-8303-4011-7

Alle lieben Segeln
3-8303-4038-9

Alle lieben Skifahren
3-8303-4056-7

Alle lieben Steuerberater
3-89082-824-8

Alle lieben Studenten
3-8303-4009-5

Alle lieben Tennis
3-8303-4008-7

Alle lieben Väter
3-8303-4055-9

Alle lieben Weihnachten
3-89082-745-4

Alle lieben Zahnärzte
3-8303-4152-0

Lappan - Bücher, die Spaß bringen!

Uli Stein
Pocket PC
ISBN 3-8303-6089-4

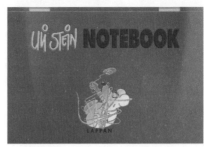

Uli Stein
Notebook
ISBN 3-8303-3114-2

Randy Glasbergen
Dein Computer denkt, du bist ein Idiot!
ISBN 3-8303-3062-6

Cartoons für Computerfreaks
ISBN 3-89082-479-X

Christian Matzerath, Henner Steinhoff
Kein Fehler!
ISBN 3-8303-6060-6

Wir senden Ihnen gern
unser Gesamtverzeichnis:

**Lappan Verlag GmbH
Postfach 3407
26024 Oldenburg**

www.lappan.de – info@lappan.de